탁월한교사론

John Milton Gregory 지음
이 종 남 옮김

> **가**르치는 사역에 결코 왕도란 있을 수
> 없다고 생각한다.
> 지름길이란 있을 수 없다는 말이다.
> 옮긴이는 이 책을 읽으면서
> 이를 다시 한번 깨닫기도 하였다.
> 그러나 가르치는 오랜사역에서 가르침의
> 본질을 찾아 내고 그것을 효과있게
> 실용적이고 보편적인 방법으로 제시한
> 것이라면 왕도라고 할 수 있을지도 모른다.

도서출판 영문

저자 서문

    본 저서가 최초로 출판된 것은 1884년이다. 그 후 일리노이 대학교 사범대학 교수인 윌리엄 바글리(W. K. Bagly)와 그리고 워렌 레이튼(W. K. Layton) 두 교수에 의하여 대폭적으로 개정되었는데 그것이 1917년이었다.
    그러나 원작의 형태와 내용을 보존시키려고 최대한 노력하였다.
    1954년 처음 이 개정판을 발간하였는데 그 후에도 거듭하여 재판되었다. 지적해 두고 싶은 바로 이 사실은 이 저서의 내용이 급속하게 변천하는 시대에도 불구하고 계속적으로 요청된다는 것을 증명하여 주는 것이다.

옮긴이의 말

"누구든지 나를 믿는 이 소자 중 하나를 실족케 하면 차라리 연자 맷돌을 그 목에 달리우고 깊은 바다에 빠뜨리우는 것이 나으니라. 실족케 하는 일들이 있음을 인하여 세상에 화가 있도다"(마 18:6-7)는 말씀을 가슴에 담은 섬김의 사람들은 학생들의 영혼의 가치의 소중함과 함께 가르치는 행위를 그 방법적인 차원에서 더욱 효과적인 어떤 것을 요구하지 않는 사람은 없을 것이다.

가슴에 학생들의 생명의 숨결을 느끼는 교사는 결코 아무렇게나 가르치는 교사는 아니다. 가르쳐 온 경륜이 쌓인 교사들은 가르친다는 것에 대하여 더욱 어렵다는 것을 실감하는 교사들이다.

그들의 가슴에는 어떻게 하면 효과적으로 가르칠 수 있을까를 연구하는 정열이 있다. 바로 그러한 교사는 학생들의 머리만 생각하는 것이 아니라 그들의 영혼을 함께 생각하는 것이다.

바로 그러한 교사들 가슴에 있는 학생들은 참으로 행복한 학생들이 아닐 수 없다.

황혼녘이 되어 학생들의 함성이 사라져간 운동장을 응시하면서 옮긴이는 그들의 심장을 느끼던 교목시절에 이 책을 만났고 읽어

가면서 나 혼자만의 것으로 하기엔 너무 실제적이고 보편적인 실제와 의미를 발견하였었다.

가르치는 사역에 결코 왕도란 있을 수가 없는 것이다. 지름길이란 있을 수 없다는 말이다. 옮긴이는 이 책을 읽으면서 이를 다시 한번 깨닫기도 하였다. 그러나 가르치는 오랜 사역에서 가르침의 본질을 찾아내고 그것을 효과있게 실용적이고 보편적인 방법으로 제시한 것이라면 왕도라고 할 수 있을지 모른다.

이 책을 읽는 동안 옮긴이는 가르침에 있어서 교사로 다시 만들어진 것을 고백하지 않을 수 없다. 이 책은 교사로서의 언어, 규칙, 철학 그리고 학습자의 이해, 가르치는 과정, 복습에 있어서의 교사와 학생 등 … 가르치는 자로서의 나를 재구성해 주었었다.

늘 경험하여 오고 있는 우리 주일학교의 현장에 교목으로서의 학교현장을 떠나서 다시 섰을 때 교사들 또한 훈련되어야 하겠다는 절실한 문제 속에서 나는 이 책의 효과를 생각하지 않을 수 없었고 바로 그 요청이 이 책을 옮기는 제일 원인이었다.

물론 주일학교 교사의 영성(Spiritual)을 분리하여 따로 생각할 수 있는 성질의 것은 결코 아니다. 학생들의 영적 고갈은 교사의 영성 결여로 비롯된다는 사실을 방황하는 현대인의 위기로 연결시킨다면 교사의 영성은 교수의 법칙이나 기술 안전의 기본적인 문제인 것이다. 영성은 있고 교수의 법칙이나 기술이 없으면 영적 생산이 없는 그리스도인을 만들 것이고 영성이 없는 교수의 법칙이나 기술은 심장이 없는 기술적 그리스도인을 만들 것이기 때문에 교사의 영성과 가르치는 기술은 동시적이어야만 하는 것이다.

말씀으로 개발된 교사의 영성은 가르치는 법칙과 기술로 학습자에게 말씀이 구체화되는 것이다. 이것을 우리는 교사들에게 바란다. 이것의 한 부분을 돕기 위하여 옮긴이는 이 책을 우리말로 옮겨 여러 교사들 앞에 내어놓는 것이다. 이것은 이 책을 옮긴 제2원인이다.

　일천만을 헤아리는 그리스도인이 있는 한국에는 그리스도인의 문화가 없다고들 한다. 그것은 매우 가슴 아픈 일이지만 사실이다. 사실 문화는 인간에 의하여 만들어지는 것이다. 그렇다면 그 문화를 만드는 인간이 변화되지 않고는 문화의 창조는 사실상 불가능한 것이다. 교사의 말씀에 의한 충만한 영성을 개발하고 가르치는 법칙과 기술을 통해서 그리스도의 문화를 만들어 가는 주체들의 가슴을 말씀으로 변화시켜 가야 하지 않겠는가!

　우리말로 내 놓는 이 책이 그 거대한 일에 작은 도움이라도 되었으면 하는 바램이 두려움으로 내놓는 그 세 번째의 원인이다.

　사실 이 책을 읽으며 옮겨 적기 시작한 것은 광주 경신 여자 고등학교 교목으로 있을 때였다. 그 후 목회의 현장에서 원고 정리의 시간을 얻지 못하다가 이제야 내어놓는 것이다.

　매끄럽지 못한 문장으로 옮긴 나의 부족한 때문에 원저자의 의도가 잘 전달되지 못한 책임은 전부 옮긴이에게 있다.

　이 책을 만들어 내어놓기까지 사랑의 빚을 진 분이 많이 있다. 기쁨으로 이 책의 출판을 맡아주신 영문출판사의 김수관 장로님께 감사하고 문서선교의 일선에서 주의 복음전파의 거대한 미래를 기대하면서 감사하며 목회자의 아내가 되어 이름도 빛도 없이 희생하는 나의 아내에게 따뜻한 사랑을 주며 원고정리에 수고해 주신 선생님들께 고마운 마음을 나의 가슴에 담아 기억하고자 한다. 이 책을 읽는 모든 분들에게 크신 하나님의 축복을 기원한다.

주후 1987년 봄이 오는 길목에서
옮긴이 씀.

저자에 관하여

　본서의 저자 존 밀튼 그레고리(John Milton Gregory)는 한걸음 우리 보다 앞서간 앞 세대의 유능한 교육 지도자 가운데 한 사람이다.
　1822년 7월 6일 뉴욕주 렌셀라(Rensselaer)군의 샌드 레이크(Sand Lake)에서 출생한 그는 어려서 그 군 소재지에 있는 한 학교에서 교육을 받았다. 그리고 그가 17세 되던 때에는 그 자신이 그것의 한 학교의 교사가 되었다. 3년 후에 그는 다시 법관이 될 작정으로 뉴욕주 섹크넥타디(Schenectady)에 있는 유니온 대학에 입학하였다. 그러나 1846년에 졸업을 한 그는 침례교회 목사가 되기 위하여 법률 공부를 그만 두었다.
　그러나 그의 마음은 계속 가르치는데 쏠려 있었고 그래서 그가 미시간주 디트로이트의 어느 대학 고전학부 학장이 되었는데 그 때가 1852년의 일이다. 그의 탁월한 교육적인 관심과 능력은 주 교육 위원회의 지도자로 인정을 받게 되었다. 그는 주 교사 연합회의 일에 의욕적이고 활동적으로 가담했고 "미시간주 교육잡지(Michigan Journal of Education)"의 창설자 가운데 한 사람으로서 그는 초대 편집인이었다.

1858년 그는 공립학교 교육감에 선출되어 두 번이나 이 일을 역임하게 되었는데 그것은 교육 업무에 대한 그의 박학한 지식과 교사들 간의 그의 인기로 인한 것일 만큼 유능하고 신뢰받는 교육가였다. 그는 다시 네 번째의 교육감 지명을 사양하고 칼라마주(Kalamazoo) 대학 총장으로 부임하였는데 그 때가 1864년의 일로서 이는 그의 경력의 새로운 국면에 접어들게 되는 교육기관 조직에 참여했다.

"일리노이주 산업대학교(Illinois state Industrial University)"란 명칭하에 일리노이 대학교가 설립되던 1868년 당시 그레고리 박사는 그 새로운 기관의 조직을 맡아달라는 요청을 받았고 그 일에 참여한지 13년 간의 기초 작업을 위한 그의 공로는 가장 크고 튼튼한 주립대학의 하나로써 성장케 했다는 사실뿐만 아니라 미국 교육의 역사에 그의 공로는 확고한 자리를 차지할 것이다.

그는 미국 공무원 임용 고시위원회 위원으로서 얼마동안 봉직하기도 했는데 그것은 일리노이 대학을 물러난 뒤의 일이다.

그러나 그의 일생의 위업은 대학교를 조직한 일이라 할 것이다. 그래서 그가 그토록 위하여 일했던 대학 교정 안에 자신의 유해를 안치해 주도록 부탁하였는데 물론 이 요청은 정중하게 받아들여졌던 것이다.

그는 1898년 임종하였으나 그의 저서인 "일곱 가지 교육법칙" (The Seven Laws of Teaching)은 1884년 처음으로 출판되었다.

교수법의 중요한 요소들에 관한 명확하고 쉬운 설명으로서 이 책은 주일학교 교사 편람으로 널리 알려져 있다.

그레고리 박사가 일리노이 대학교에 이바지한 위대한 공헌을 보답하는 뜻에서 사범대학교의 두 교수가 여기 내놓은 원서의 개정을 맡아 수고한 것이다.

목 차

저자 서문 ··· 3
옮긴이의 말 ·· 4
저자에 관하여 ··· 7
서 론 ·· 13

1. 교육의 법칙들(The Laws of Teaching) ···················· 21
   - 일곱 요소들 / 24
   - 법칙의 진술 / 27
   - 규칙적으로써의 법칙 / 28
   - 성공적인 교육의 본질들 / 30
   - 기술과 열성 / 32
   - 교사들을 향한 발언 / 35

2. 교사의 법칙(The Law of the Teacher) ···················· 39
   - 이 법칙의 철학 / 41
   - 교사들을 위한 규칙 / 47

• 위반사항 및 잘못들 / 50

3. 학습자의 법칙(The Laws of the Learner) ········· 53
   • 주의력에 대한 설명 / 54
   • 이 법칙의 철학 / 61
   • 관심의 근원 / 63
   • 관심은 나이에 따라 변한다 / 65
   • 주의력의 장애물 / 66
   • 교사를 위한 규칙 / 67
   • 위반 사항과 잘못들 / 69

4. 언어의 법칙(The Laws of the Language) ········· 71
   • 이 법칙의 철학 / 72
   • 사고의 전달수단 / 75
   • 사고의 도구 / 77
   • 물체에 대한 언어 / 81
   • 교사를 위한 규칙 / 83
   • 위반사항 및 잘못들 / 85

5. 수업의 법칙(The Laws of the Lesson) ··········· 89
   • 이 법칙의 철학 / 90
   • 교사들을 위한 규칙 / 101
   • 위반사항과 잘못들 / 104

6. 교육과정의 법칙(The Laws of the Teaching Process) ···· 107
   • 가르침의 법칙 / 108

- 이 법칙의 철학 / 110
- 사고에 필요한 지식 / 116
- 사고와 감정 / 120
- 자기 행위적 지성 / 121
- 교사를 위한 규칙들 / 126
- 위반 사항 및 잘못들 / 129

7. **학습과정의 법칙**
   (The Laws of the Learning Process) ·················· 133
   - 이 법칙의 철학 / 135
   - 이 법칙의 한계들 / 140
   - 교사들과 학생들을 위한 실제적인 규칙들 / 142
   - 위반 사항들과 잘못들 / 143

8. **복습과 적용의 법칙**
   (The Law of Review and Application) ················ 147
   - 이 법칙의 철학 / 148
   - 교사를 위한 실제적인 규칙들 / 159
   - 위반과 실수들 / 161

결론 ··· 162

서 론

Introduction

주님에게서 우리는 교육이란 무엇인가에 대하여 배울 수 있게 되는데 주님이 그러하셨던 것처럼 우리도 한 작은 어린 아이를 조심스럽고 주의 깊게 살펴봄으로서 그들로 하여금 알 수 있게 될 것이고 우리들로 하여금 주를 닮게 한다.

한 어린이를 살펴본다는 것은 교육을 이해하기 위하여 매우 바람직한 일이다.

교육이란 말하자면 광의적인 의미로 한 어린 아이가 충분히 성장한 지성을 갖춘 사람으로 점차 변화되어 가는 모든 단계와 과정을 포함한다.

이에 대한 이해를 돕기 위하여 한 유아(a Infant)를 예로 들어 설명해 보자. 그는 하나의 성숙한 인간의 육체, 눈, 손들, 그리고 발과 또한 모든 감각기관들(All the Organs of Sense) 및 모든 행동기관과 운동기관이 있는 온전한 인간의 신체적 조건을 다 갖추고 있지만 그러나 그는 요람(Cradle)에 무기력하게 누워 있을 뿐이다. 그는 몸을 움직이고 울며 소리내어 웃는다. 그야말로 그는 어른의 특질을 갖고 있다. 그러나 그는 성인의 속성을 구사할 능력은 갖고 있지 못하다.

  그렇다면 과연 이 유아들의 어떤 점 즉 무엇이 성인들로부터 다른 것인가? 그것은 단지 쉽게 말하면 그는 한 어린 아이로 존재한다는 사실이 다른 것이다. 성년과도 다를 바 없는 신체와 손과 발을 갖고 있지만 그것들은 작고 연약(Weak)할 뿐이라. 또한 자발적으로 사용할 수 있는 자유도 없이 그는 살아간다. 그의 발로 그는 걸을 수가 없다. 그의 손은 숙련(Skill)되어 있지 않다. 그는 입이 있지만 말할 수가 없다. 그의 눈은 알아차림도 없이 볼 뿐이다. 그리고 또한 그의 귀는 깨달음도 없이(Understanding Without) 들을 뿐이다. 그는 들으나 이해하지 못하는 것이다. 그는 이 우주(Universe)에 태어나 있지만 그를 둘러싼 우주는 그에게 신비하고 불가사의한 세계로 존재할 뿐이다.

  우리는 그 어린이에 대하여 우리에게 보다 명백한 것이 되도록 특별한 관찰과 연구를 좀 더 계속해서 말할 수 있다면 그 어린 아이는 단지 하나의 세포에 불과하다는 사실을 알 수 있다. 그에게는 그 자신이 예정한 성장이 없다. 그는 아직 배우지 못했다. 후천적으로 배워서 습득한 관념이 없이 존재할 뿐이다. 그러므로 그 어린 아이는 무지하다.

  이것들에서 알 수 있는 다음 두 가지의 사실들은 곧 교육에 있어서의 양대 개념(The two notions)이라고 할 수 있다. ① 수용 능력의 계발(The development of Capacities)과 ② 경험의 획득(The Acquisition of Experience)이다. 수용 능력의 계발이란 육체와 정신적으로 충분하고도 힘과 용기가 있는 성장에 이르기까지 계발 육성하는 것이다. 둘째 경험의 획득이란 그 어린 아이에게 인류의 유산을 공급해 주는 하나의 과정이다. 다시 말하면 전래되는 경기에서와 같이 그 어린 아이가 직접 설비하게 하는 한 과정이다.

각각 이 사실들—어린 유아들의 미숙함과 그의 무지식(The Child's immaturity and his Ignorance)—을 열심히 도와줄 과학적인 교육을 위하여 본서에서는 하나의 토대를 제시했다.

그 첫째로 기어코 하려고 한 것이 수용 능력의 계발을 역설한 점이다. 다시 말하면 인간의 수용 능력을 계발하는 순서와 성장의 법칙, 그리고 행동을 수용하는 능력의 계발이 강조되었다.

그 두 번째 기어코 하려고 한 것은 인간지식(Human knowledge)에 대한 대단히 다양한 분야들(The Various branches)의 연구를 서로 연루시킨(Involve) 점이다. 그것들이 무엇이던 간에 발견하고 계발하고 그리고 완성시켜야 한다. 이것들은 각각 과학적으로 다른 것들과 필연적인 연관을 갖고 있으므로 결과되는 지식과 연루된 한 힘에 대하여 연구해 볼 때 그것은 더욱 두드러지게 현저해 진다. 이 연구는 그런 결과를 조망해 보는 영향력을 포함할 만큼 기대치가 큰 것이다.

교육학의 이 두 가지 형태에 기초를 둘 때 우리는 교육의 이중적인(Two-fold) 교육의 기술을 갖게 된다.

그 이중적인 교육기술(Two-fold the art of Education)이란 훈련의 기술(The art of Training)과 교수법(The Art of Teaching)이다.

이럼으로써 아직도 그 어린 아이에게 모든 그의 수용 능력을 발휘하는 방법을 충분히 계발하고 그것을 초래하도록 그러한 훈련(Such training)을 주는 것이 교육에 있어서의 첫 번째 본무(First business)이다. 이 훈련이 곧 심리적, 지적 또는 도덕적인 것일 것이다.

또한 그 어린이는 아직도 배움이 없는 상태 즉 무지하다. 그러므로 경기의 경험을 전달하는 것 같은 경험교육의 본무(Business)가 필요한 것이다. 이것이 마땅한 교육의 업무요 그 가르치는 사역의 정당성을 구체화시키는 것의 하나이다. 숙고해 볼수록 이러한 관점에서 비추어 볼 때 우리는 일생의 도처에서 경험을 계속 얻고 있기 때문에 학교란 교육기관(Agencies of Education)의 하나에 지나지 않는다.

이러하므로 우리는 우리들이 살고 있는 구석에서 구석까지(Throughout)에서 경험을 습득하도록 지속적으로 노력하여야 한다.

그렇다면 가르침에 있어서 첫째 목적물은 학생들을 자극하는 일이다. 학문과 학식을 사랑하도록 학생들을 자극하고 그들을 습관적인 한 형태에 이르도록 자극하여야 한다. 연구의 독립적인 자주성을 자극하여 이상적이 되도록 하는 것이다.

이 두 가지 즉 수용 능력의 배양(The cultivation of Experience)은 두 가지 다같이 조화를 이루어 교사들의 사역을 결정지어 주는 가장 중요한 요소들이다. 모든 조직과 통제는 이 이중적인 목적의 보조적인(Subsidiary) 역할에 의해서 성취되어야 한다. 다시 말하면 그 이중적인 목적에 따르는 부수적인 것들인 것이다.

그 성취를 힘쓴 결과는 물리적 힘에 의한 것보다는 자연적으로 충분히 성장하게 하는 것이고 이지적인 성장(Intellectual)과 아울러 도덕적으로도 성년에 이르게 하는 것이다. 그와 함께 공급해 주어야 하는 자원이 꼭 필요한 것인데 그것은 유능한 삶을 이루어 가는데 없어서는 안되는 자원이다. 행복 그리고 능동적인 삶의 모든 것으로부터 배우고 한 인간의 개체로서 능히 살아갈 수 있게 하는 것이다.

이러한 교육술의 두 거대한 분야 하나는 가르치는 기술이고 다른 하나는 훈련시키는 기술이다. 이것은 교육에 있어서 중요한 지류이다. 이것은 습관적인 것에서는 떼려야 뗄 수 없는 불가분리의 것이고 사상적으로는 분리하여 생각할 수 있는 것이다.

우리는 단지 가르침으로 훈련할 수 있다. 또한 우리는 다만 최선을 다하는 교사는 최선을 다하는 훈련사일 뿐이다. 이지적인 수용력에 가장 걸맞는 훈련은 습득(Acquisition)케 하며 완성을 향하여 애써서 노력하는 고심력(苦心力)을 숙달케 하고 지식을 적용할 수 있도록 숙련시키는 것이다. 그러나 무엇보다도 전통적으로 뿌리깊은 인간의 유산을 상속받으며 또한 상속시킬 수 있게 하는 것이다.

그런 점에서 가르치려는 마음의 욕구에 앞서 교육에 있어서 이 두 가지 작용(Processes)을 기어코 지키는 안에서 비로소 실제적이고도 유리한 고지를 점령하는 이점이 있다. 교사는 이것들과 함께 그의 학생들의 실제적인 향상(Real Progress)을 보다 더 총명하게 평가할 수 있게 될 뿐만 아니라 보다 쉽게 관찰할 수 있는 어떤 견해가 보다 분명해질 것이다.

그럼으로써 교사는 하나의 단조로움 속에서 그의 학생들을 지키는 일로 만족해하지 않게 될 것이다. 매일 무엇을 조련하는 조련사와 같은 딱딱하고 단조로운 일에 만족하지 않을 것이며, 또한 그는 학생들의 마음에 쓸모없는 이름들이나 채워 넣는 것 같은 일을 되풀이 할 때 참으로 만족하게 되지 않을 것은 자명한 일이다. 그는 쓸모없는 사실들이나 이름들을 학생들의 머리에 주입시키는 것에 만족해하지도 않을 것이다.

그러한 교사는 학생들의 교육의 양면을 주의깊게 관찰할 것이며 기대하는 두 가지 목적을 달성하려고 자기 노력을 경주할 것이며 자기의 수업을 자애롭고 노련하게 이끌어 나갈 것이다.

결국 교사의 시야(View)는 마지막에 이르러서 교사나 학생의 양편 모두다 보다 확실함에 이르러 능숙하게 될 것이다.

이것은 교육에 있어서의 기술적인 면과 과학적인 면의 양면적 지론이다. 본서에서 그에 대한 실제적인 명료성을 볼 수 있을 것이며 이로부터 비로소 우리들을 어떤 시야의 중심점에 이르게 할 것이다.

이것이 바로 본서의 목적하는 관점이다. 여기에 초점을 맞출 것이다. 그 목표가 바로 이 책의 표제 7가지 교육법칙(The Seven Law of Teaching)이다. 여기에 이 지론을 충분히 다루었다.

그것이 목표하는 대상들은 가르치는 기술의 원리들이고 이것들을 일정한 조직적인 순서를 따라 정리하여 나갔다. 그것을 그렇게 한 것은 심적인 수용력을 감안하여 다루었기 때문이며, 교육이 진행되는 과정에서 경험을 얻게 하는 일의 명료한 토의를 숙고하게 할 필요 때문이다.

교실에서의 가장 명확하고 두드러진 작업은 학문에 있어서의 지식의 다양한 분야들을 연구하는 일이다. 그처럼 가르치는 일 해석하고 듣고 연습하도록 하는 지정된 작업(The Work of Assigning)은 주로 강의하는 사람의 시간과 관심(Attention of the Instructor)에 관련된 것이다.

그런 까닭에 교수법의 설명은 가장 직접적이어야 하고 그 기술에 있어서 교사들을 가르치는 자에 이르게 하는 실제적인 방법(Practical Way)이라고 여기는 것이다. 그것은 현재 곧 명확하고 명분있는 실제적인 방법들의 대단히 좋은 선사품이 될 것이며 가르치는 사역에 있어서 승리자가 될 수 있는 승리적 방법들이다. 학자들이 갖고 있는 교수법들은 그 교사에게 있어서 반드시 익혀야 할 것들이고 본서를 통해서 그 교육철학을 쉽게 완숙할 수 있을 것이다.

물론 이 작은 책에서 교육에 있어서의 모든 과학적인 교수법을 모두 말하고 있는 것은 결코 아니다. 또한 가르치는데 있어서의 모든 기술을 모두 망라하여 강조하고 있지는 않다.

그러나 그것은 가르치는 기술에 있어서 예사로운 것들과 그 원리들을 읽고 참다운 가르침에 대한 모든 보기들을 소개하고 있기 때문에 본서가 취급한 7가지 교수법들은 주위 사람들 속에서 분명히 성공적인 교사로 이끌어 줄 것이다.

그리해서 그것들의 자연스런 순서와 관계를 알 수 있으며 조직적으로 배울 수 있고 사용할 수 있다면 저자의 작은 목적은 성취된 것이다.

본 저자는 그렇게 되기를 기대하는 것이다.

1 교육의 법칙들
The Laws of Teaching

1. 교육이란 어떤 고정된(Fixed) 법칙보다는 자연법칙들을 갖고 있다. 혹성 혹은 생물의 법칙처럼 고착된 것이기보다는 교육이란 유기적으로 성장하는 것의 자연적인 법칙들이다.

그것은 일정한 결과가 생기도록 유도하는데 사용되는 일정한 작용 속에서 진행되는 한 과정(A Process)이다. 그리고 그 결과들은 태양이 밝아오면 낮이 시작되며 해가 지면 낮이 끝나는 것과 같은 규칙적이며 어김없이 일어나는 과정과 같은 것이다.

그러면 교사들은 과연 무엇을 하는 사람들인가? 그들 교사들은 꾸밈없는 힘든 사역을 통하여 기대하는 당연한 결과를 만드는 사람인 것이다. 그렇게 자연의 기관들을 통하여 그것들의 자연적인 결과를 일으키게 하는 사람들인 것이다.

그렇게 확신하는 이유는 설령 그것이 쉽게 이해할 수도 있고 이해하지 못할 수 있기도 한 항상 명백하지는 않으나 인과관계란 질량운동에서처럼 정신운동에서도 분명한 것이기 때문이다. 더욱이 그것은 질량적인 것이기보다는 정신적인 자세에서 비롯되는 것이기 때문이다.

그 정신의 법칙이란 질량의 법칙(Material laws)처럼 고정된 것이 아니다. 그것은 자연적인 법칙이다.

2. 물질적인 것이든 정신적인 것이든지 그것이 어떤 것일지라도 어떤 진행과정의 법칙이 있음을 깨달아야 한다. 그 진행과정의 법칙이 그 상태를(The Conditions) 마음대로 움직이는 것이며 그 진행과정의 법칙을 이해하는 어떤 한 사람의 지도통제(Control) 아래 진행되는 것이다. 이것은 있을 수 있는 가능한 일로서 그렇게 되도록 만들어야 하는 것이다.

그 법칙에 대하여 이해하는 것은 대단히 중요한 일로 현재 자극적인 것이 되고 있으며 보다 널리 통용되고 있는 것으로서 무한한 가능성을 만들고 있다.

뿐만 아니라 그가 누구이든 경기를 해 본 선수의 경험과는 또 다른 것들의 정신을 전달해 줄 수 있는 교육법칙에 대한 명장(Masters)이 되게 한다. 그가 누구이던 간에 노력하여 마치 한 알의 씨앗을 성장케 하여 그에 대한 수확을 얻기 위하여서는 그 자연적인 법칙을 따라야 하는 것과 같이 교육의 법칙을 깨우쳐 지킬 절실한 필요가 있다.

따라서 그가 누구이던 성공적으로 한 어린이를 가르치려고 한다면 기어코 교육의 법칙들을 따라가야 할 것이다. 아무데도 세상 어느 곳에서도 그것이 정신세계이든지 물질세계이든지 그 결과를 일으키게 하는 방법에 의존하지 않고서는 인간은 어떤 결과도 일어나기를 기대할 수 없는 것이다. 사람으로서의 열매가 없다면 어떤 사람도 예외없이 사람이라는 그 영향력을 기대할 수 없는 것과 같이 그것들의 영향력에 의하여 그는 그 의미를 사용하는 것이다.

3. 교육 즉 가르침이란 무엇인가? 그것은 가르친다고 하는 그것들의 단순한 의식에 의하여 이루어지는 경험의 전달이다. 간단히 말하면 경험의 전달(Communication of Experience)이다.

이 경험은 사실들과 일치하는 것이다. 이 경험은 진리와도 일치한다. 또는 교리 사상이나 지식 또한 이상과 일치하는 것이라고 하여도 되며 또는 그것들의 진행과정이라 하여도 좋은 것이다. 그것들은 곧 경험과 일치하는 것이기 때문이다. 뿐만 아니라 숙련된 기술은 더욱 경험과 일치한다.

교육이란 언어의 수단에 의하여 어떤 표현에 의하여, 물체에 의하여 행동 또는 실례의 예증을 통하여 가르치게 됨으로써 이루어지는 것이다.

그러나 그 본질과 양식이 어떤 것일지라도 가르친다는 것을 뜻하는 것이며 그것 자체의 행위는 항상 생각해 본 바로는 근본적으로, 항상 대체적으로 같은 것이다. 왜냐하면 그것은 경험을 전달하기 때문이다.

즉 교육이란 경험의 전달인 것이다. 교육이란 한 사람의 마음 속에 있는 그림을 다른 사람의 마음에 그리는 것이다. 이는 사고의 구체화(Shaping of the Thought)를 통해서 이루어진다. 그리고 교사들의 지식이나 어떤 진리에 함축된 의미를 이해함에 이르게 될 때 이루어지는 자기 자신의 초상화이다. 또한 이는 교사가 전달하는 것에 대하여 주의력을 집중할 때 이루어지는 것이나. 교사가 알고 전달해 주고자 하는 어떤 진리를 깨닫도록 그 생각과 이해를 형성시켜 주는 것이다.

더 나아가서 우리들이 '전달'(Communication)이란 말에 대하여 보고 있는 것보다는 훨씬 진전된(Further) 의미가 거기에 있다. 다시 말하면 지적인 어떤 것을 한 사람에게서 다른 사람에게로 이전시키는 뜻으로 쓰인 것이 아니라 오히려 그 다른 사람도 그 동일한 경험을 재현하여 발휘하도록 다른 이를 도와 주어서 그 경험이 두 사람의 공통 체험이 되게 하는 의미로 사용된 것을 보게 된다.

일곱 요소들(Seven Factors)

4. 우리는 과학상의 분석과 그것들을 구분하는 분야에 대하여 연구하는 현상에 대한 법칙을 발견하기 위하여 주제있는 연구를 계속해야 한다. 그렇게 할 때 어떤 현상의 법칙을 발견하게 될 것이다.

어느 한 온전한 교육 행위에 대해서 그와 같은 분석을 할 때 비로소 어떤 사람일지라도 교육에 대하여 완성된 행동을 갖게 될 것도 너무나 분명한 것이다.

그 이유는 일곱 가지 뚜렷한 요소들 혹은 인자들을 가지고 있음을 발견할 것이기 때문이다.

(1) 두 가지 인적 요소들(Personal factors)
　—교사와 학생
(2) 두 가지 지적 요소들(Mental factors)
　—전달의 공동언어(Common language) 또는 중간 매개어(Medium language)와 한 과에 있어서 전달하고자 하는 기술 또는 진리
(3) 세 가지 기능 혹은 직무상의 행위(Functional arts) 또는 과정(Processes)
　—교사의 기능, 학생의 기능 그리고 시험을 치러서 그 결과를 평가하는 마지막 끝맺음 과정

5. 이상의 것은 교육에 있어서 완숙한 행위로서 완전한 정식 교

육에 있어서 없어서는 안될 요소들이다. 많은 모든 요소들 가운데서 이상의 것들은 가장 핵심적인 원리들(Essential elements)이다.

앞에서 지적한 그 일곱 가지의 요소들이 짧은 3분 동안에 가르친 단 한 가지 사실의 교훈에서이든 혹은 장시간에 걸친 강의에서든 모두 갖춰질 때 그 교육은 효과를 거둘 것이다.

만일 그들이 깜박 잊지만 않는다면 여기에다 다른 것들을 더할(be Added) 필요가 없다. 만일 그것들이 교육에 있어서 하나의 과학적인 진실이라면 일곱 가지 요소들의 관계와 법칙이 그것들의 기초가 됨에 틀림이 없다.

진정한 교육학이 있다면 그것은 이 일곱 요소들의 법칙들과 관계들에서 찾아야 한다.

6. 그 법칙들을 발견하기 위해서 주의깊게 그 일곱 가지 요소들을 다시 살펴보고 지나가자.

(1) 교사(a Teacher)
(2) 학생(a Learner)
(3) 전달의 공동언어 또는 매개체(a Common language or Medium of Communication)
(4) 교훈 혹은 진리(a Lessen or truth)
(5) 교사의 할 일(the Teacher's work)
(6) 학생들의 할 일(the Learner's works)
(7) 자기 사역의 최고(the Review work)
  ―조직 적용 완결과 성취케 하는 그 사역의 고찰(Fastens). 즉 공부한 내용을 정리하고, 적용하며, 완전케 하고 내 것으로 소화하여 가능케 하는 복습.

이 일곱 요소 하나 하나가 나머지 요소들과 어떤 본질적인 특징에 있어서는 두드러지게 다르다. 이 일곱 요소들은 각각 성격이 다른 실제요(Entity) 자연스런 사실이다. 이런 까닭에 자연의 모든 사실들은 자연법칙의 어떤 증거요 소산이다. 그러므로 여기 열거한 각각의 요소들은 그 자신의 위대한 기능의 대법칙을 갖고 있다. 그래서 이것 모두가 합쳐져서 일곱 가지 교육법칙을 구성하고 있는 것이다.

7. 이것들 모두를 강조하는 것을 그만큼 사소한 것처럼 여길지 모르겠다. 어떤 사람은 이렇게 말할지도 모른다. "물론 당연하게도 그것들은 교사와 학생이 없이 가르침이란 이루어지지 않는 것이다. 하나의 수업이 어떻게 언어가 없이 이루어질 수 있겠는가? 교사가 가르치지 않거나 학생이 배우지 않는다면 되겠는가?하고 말할지 모른다.

또는 최후는 마침내 하나의 알맞는 회고와 반성이 없이 어떻게 교육이 이루어질 수 있으며 가령 그러할 수 있다 하더라도 그 사역에 대하여 성공적인 좋은 결과가 되었다는 획득적인 결과라고 할 수 있을 것인가? 그런데 굳이 이 모든 것을 또한 명백하게 단언할 필요까지야 있겠는가?"하고 말할 지 모르겠다.

그러나 씨앗, 토양, 온도, 광선, 습기, 정해진 수치의 양을 알맞게 갖어 오느냐에 따라 한 그루의 묘목은 수확을 위한 성장과 생산에 기대를 갖게 되는 것이다. 그렇지만 이런 보편적인 사실의 명확한 점 때문에 자연의 법칙의 불가사의하고 가장 심오한 법칙들이 간과되거나 방해받지 않게 되기를 기대하는 것이다.

마치 한 가지로 교육에 대한 하나의 간단한 행위 속에 가장 수긍할 만한 어떤 것들 안에 감추어 있는지도 모른다.

아마 그것은 정신적 생활의 함축성 있는 법칙일 것이다. 다시 말하여 단순한 교육행위 속에 정신생활의 가장 힘차고 중대한 법칙들이 숨겨져 있는 것이라는 말이다.

법칙의 진술(The Laws Stated)

8. 이 법칙들은 애매 모호하거나 딱딱하여 다루기 어려운 그런 것이 결코 아니다.

그것들은 그대로 단순한 것이며 간단하고 자연스러워서 대부분 자발적으로 주의하여 관찰하는 관찰자라면 즉시 그 상태를 발견할 수 있게 될 것이다.

다음에 말하는 것처럼 그 일곱 가지 요소들을 간단하게도 서술할 필요도 없을지 모른다. 그것은 굳이 말하지 않아도 충분하게 이해되어지는 것이기 때문이다.

아래와 같이 간단한 말로 설명한 가운데서 간추려 보자.
  (1) 교사는 그가 가르치는 수업 또는 진리 혹은 기술을 통해서 누구 한 사람이라도 이해시키지 않으면 안되므로 그것들을 자신이 알고 있어야 한다.
  (2) 학생은 어느 누구 한 사람이라도 그 수업에 깊은 관심을 갖고 열심히 재미를 느끼고 참석해야 한다.
  (3) 언어를 사용함에 있어서는 (교사와 학생 사이의 전달 매체인 언어) 교사와 학생 사이에 하나의 중간 매개체로서 양자간에 있어서 공통적이 되지 않으면 안된다.
  (4) 배우고자 하는 교훈은 학생이 이미 알고 있는 지식으로 설명되어져야 한다. 다시 말하면 아는 것으로서 모르는 것이 설명되어지지 않으면 안된다.
  (5) 가르침은 올바른 생각을 이해시키거나 또는 올바른 기술을 익히게 하려고 학생의 머리를 일깨우며 사용토록 하는

것이다.

(6) 배운다는 것(학습이란)은 새로운 개념이나 진리를 자신의 머리로 이해하는 것이다.

혹은 새로운 기술이나 솜씨를 자기 것으로 만드는 것을 말한다.

(7) 가르치기를 끝냄에 있어서 (행한 가르침) 시험하고 증명하는 방법—끝맺음과 집중시키는 과정—은 다시 검토하고, 다시 생각하고, 다시 이해하며, 다시 인식하도록 하지 않으면 안된다. 뿐만 아니라 가르침 받은 것을 실제적으로 적용해 보도록 해야 하며 배워서 이해된 것도 그렇게 하도록 해야 한다.

그리고 전달된 기술과 개념 또는 사상을 통합 정리하도록 하여야 한다.

규칙적으로써의 법칙(The Laws Stated as Rules)

9. 이러한 정의나 설명은 아마도 증명하거나 또는 논증하지 않아도 되는 알기 쉽고 또한 간단한 것이라고 생각할지 모르겠다.

그러나 교육에 있어서의 제규칙들을 설명하는 것은 그 기초적인 법칙들이 보다 더 어떤 것을 분명하게 볼 수 있게 되기를 바라는데 있는 것이다. 다시 말하면 근본적인 법칙으로써의 그들의 위력을 좀 더 분명하게 볼 수 있게 되기를 기대하는 것이다.

만약 그것들이 교육을 위한 규칙들의 한 형태인 한 그 기초적인 법칙들의 위력은 큰 것이다. 다만 교사들에게 요청하는 것은 그것들은 이끌기에 따라서 따라오는 것이라는 사실이다.

교사에게 향한 규칙들은 아래와 같은 것들이다.

(1) 가르치고자 하는 교훈을 완전히 이해(Know Thoroughly)

하여 가르치는데 있어서 당신의 수업이 더욱 친하게 되도록 하라 가르침이란 충분한 마음으로부터 말미암는 것이며 그때 분명한 이해가 이루어지는 것이다.

　그러므로 두뇌를 총동원하고 명확한 이해를 한 후에 가르쳐야 한다.

(2) 학생들의 수업에 대한 관심과 흥미를 모으고 그것을 지속시켜라. 수업에 있어서 학생들의 관심과 흥미와 주의력으로 얻어지고 지켜지는 것이다.

　사실 수업에 임하는 학생들의 주의력(Attention)없이 가르친다는 것은 헛수고일 뿐이다.

(3) 교사 자신과 학생이 똑같이 같은 길에서 이해되는 말을 사용하여야 한다. 서로에게 명확하고 생생한 언어는 교사와 학생 양편에게 있어서 모두 생기가 넘치게 하여 준다.

(4) 어떤 주제를 가르치기 시작할 때 무엇과 함께 시작하는 것이 곧 그 주제에 대하여 학생이 이미 벌써 이해할 수 있으며 학생은 그것 자체를 경험할 수 있게 될 것이다. 곁에 있는 단 하나의 새로운 물질을 통해서도 진행할 수 있으며 그렇게 할 때 쉽게 학생이 이해하고 경험하게 될 뿐만 아니라 이해하지 못한 것을 이해하게 되는 자연스런 단계가 되는 것이다.

(5) 교사는 학생들 자신이 머리를 써서 행동하게 하는 마음을 자극하고 고무시켜라. 그것은 곧 학생의 사고력을 지켜주고 교사의 표현 앞에 있을 수 있는 양(量)의 사고력을 계발시키게 된다.

　무엇보다도 그들 학생이 곧 발견자요, 예견자적인 태도를 갖도록 긍지와 자극을 동시에 주어야 한다.

(6) 학생에게 사고를 통해서 배운 것을 재현시킬 것을 요구하라. 학생은 수업에 있어서 학습자이다. 이때 사고하는 것은 학생이 그 자신의 언어로 그것을 표현해 보고 적용할 수 있을 때까지 그것들의 서로 다른 여러 국면(Various phases)을 들어 또는 그것 밖에서도 예를 들어 주어야 한다.

(7) 복습, 복습 그리고 또 복습 이미 배운 것을 다시 재현하여 보게 하는 것이다. 다시 복습은 이미 배운 것을 새로운 생각으로 감상하되 깊이 사고해 보게 한다. 이미 배운 것을 거기에 의미를 더하여(Added meaning) 재구성하게 한다. 새로운 적용을 찾아내게 한다. 바르지 못한 많은 견해들을 올바르게 잡아주며 바른 것을 완성하게 하는 것이다. 그러므로 반복해서 복습하게 하라.

성공적인 교육의 본질들(Essentials of Successful Teaching)

10. 이러한 규칙들과 그리고 그것들을 근거로 한 위에서 추출된 법칙들은 모두 성공적인 교육의 토대가 된 것들일 뿐만 아니라 그것을 결정적으로 지배하고 있다.

만약 그것들의 폭넓은 의미 가운데서 어떤 것을 취하던 취하지 아니하든(Taken away) 상관할 바 없으나 그것들에다가 어떤 것을 더할 필요는 없다. 한 교사가 그것들 위에 다른 것을 더하지 않고 사용하여도 어느 누구이든 대단한 명장(名匠)은 아니라 하여도 굳이 실패할 필요가 없다.

또한 교사가 행동에 교람받지 않고 평온하며 교육에 있어서 성공적인 토대가 된 법칙들과 규칙들이 주는 자유로움에 없어서는 안될 좋은 상태를 지속한다면 교사인 그를 가장 정확하고 올바르게 (Pr-

operly)할 수 있도록 하게 한 질 높은 것임에 틀림이 없다.
　무질서하고 소란스럽고 혼란스러움은 분명히 방해가 되는 것이라 하여 틀림이 없다. 그것은 결과적으로 기대하는 바를 막는 것이 된다. 마치 화학의 법칙에 따라 반드시 일어나게 되어 있는 화합물의 생성이 반응물질 중 일부를 계속적으로 흔들어 줌으로써 일어나지 않는 것과 같은 것이다. 그러나 훌륭한 교육 그 자체는 그것 자체 속에 대부분 훌륭한 질서를 동반한다.

　11. 모든 위대한 자연의 법칙들처럼 이 교육의 법칙들도 명확하고 분명한 것같이 보인다. 그러나 다른 기본적인 진리들과 마찬가지로 실제는 보기보다 더 단순하다.
　모든 법칙들이 여러 상이한 마음과 사람들에 따라 그 적용이 각각 다 다르지만 그 법칙 자체는 변하지 않는 것이다. 또한 교육술의 범주에서 벗어나지 않는 이상 다른 법칙들과 다른 사람들과의 관련을 항상 유지하고 있는 것이다.
　우리는 다음 장들에서 이 일곱 가지 법칙들을 주의깊게 연구하므로 발전을 가져 올 것이고 보다 더 뚜렷한 성공적인 장을 열게 될 것이다.
　이에 도달하기 위하여 우리들의 토의가 많은 교육적인 값진 원리들에 주어져야 하고 보다 실제적인 규칙들을 교사들의 가르치는 사역에 적용하게 될 때 가능한 것이다.

　12. 이 법칙들과 규칙들을 모든 계층들에서 모든 주제를 가르칠 때나 모든 학년과 과목을 가르침에 있어서 적용하여야 한다. 왜냐하면 개념이 한 사람의 머리에서 또 다른 사람에게 전달되는 기본적인 조건들이 바로 규칙과 법칙들이기 때문이다.

이 규칙과 법칙들은 초·중학교에서 가르치는 교사들에서 대학에서 가르치는 교수들을 위하여서도 근거가 확실하고 대단히 유용한 것이다. 뿐만 아니라 논리학의 한 법칙을 가르치기 위하여서나 셈본(Arithmetic)을 가르치기 위하여서도 그 법칙과 규칙들은 대단히 유용한 것이다.

13. 이러한 법칙들에 대하여 한번도 들어보지 못했고 또 모르고 있지만 이것을 실행하고 있는 많은 수의 성공적인 교사들이 있다. 또한 누구라도 그 법칙들을 자각하여(Consciously) 따르지도 않았을 것이다. 이것을 실행하고 있는 성공적인 교사들이 있다.

그것이 옳다고 여겨지는 까닭도 있다. 그것은 어느 사람이라도 이론적인 이해의 경향 없이도 완전하게 가르쳐 왔을 것이기 때문이다. 이는 마치 문법의 연구 없이도 알기 쉽게 말하는 사람이 있다는 사실과 또한 중력의 법칙에 대하여 전혀 이론적인 지식은 없지만 아무런 이상 없이 걸어다니는 사람들이 있다는 사실과 똑같은 것이다.

이 말들의 의미는 이 타고난 교사들은 그 가르침의 법칙들을 실제적인 것으로부터 체험적으로 익힌 것이며 또한 습관적으로 그것에 따라서 행동한다는 것이다. 그럼에도 불구하고 그들이 성공한 것은 법칙을 따랐기 때문이지 법칙을 떠난 어떤 다른 것으로부터가 결코 아니라는 사실이다.

기술과 열성(Skill and Enthusiasm)

14. 교육의 법칙들을 연구하는 일에 대하여 가끔 냉담한 것으로 대치하려는 경향이 종종 있는데 이를 하나도 두려워 할 필요가 전혀 없다.

교육의 법칙들에 대한 연수가 그처럼 바람직하며 차갑고 기계적인 가르침으로 대치하는 것은 결코 아니다. 오히려 열정적으로 가르친다는 것은 그래서 그처럼 많은 것을 바랄 뿐만 아니라 칭찬과 많은 감탄을 또한 요청하는 것이다. 그러므로 교육의 법칙에 대한 연구가 차갑고 기계적이 될 것이라는 우려는 하지 않아도 된다.

진정한 기술은 숙련에 이르게 하고 다른 방법으로는 실패하여 낙심한 일에 성공을 가져다줌으로써 살아있는 열성(Alive Enthusiasm)으로 살아 움직이게 한다. 진정한 사역자들은 자기 일에 대한 열정을 갖고 있으며 일을 성공적으로 노련하게 해 낼 수 있는 그의 능력과 함께 성장한다.

그 열정은 지력에 의하여(by Intelligence) 인도를 받고 수련으로 무장될 때 한층 더 목적을 성공적으로 달성할 수 있을 것이다.

15. 지각이 없는 감독자들(교장, 이사회)은 종종 열정적인 교사들(Enthusiastic)을 단지 그 누구이든 훌륭한 교육을 받은 사람이나 또는 경험을 쌓은 노련한 교사들 보다 더 좋아하기도 한다.

그렇게 생각하는 그들에게는 그렇게 믿는 충분한 이유가 있다. 그것은 불충분한 학식과 보잘것없는 숙련일지라도 열정이 있는 교사가 최고의 훈련을 받고 가장 박학하지만 열심이 전적으로 결핍한 교사보다는 보다 더 정열적으로 의지의 성취를 가져올 뿐만 아니라 가장 박식한 교사의 열정없는 그 결핍을 열심으로 채울 수 있다는 것 때문이다.

그러나 왜 무식한 열성가나 또한 게으른 열성가 가운데서 어느 한 쪽을 선택하는 이유는 무엇인가?

열정(Enthusism)이라 함은 미숙련하다거나 무식한 자에게 국한하는 그런 옹색한 의미가 결코 아니다. 또한 모든 일에 침착한 것,

또 냉정한 사람이거나 게으름뱅이 같은 자를 일컫는 말이 결코 아니다. 열정은 숙련(Skill)으로 인하여 생겨난 정열이다. 무엇이든지 하나를 잘 하는 가운데 그것을 더욱 더 잘하는 기쁨이다.

다시 말하면 숙련으로 생겨난 열정은 사람이 자기가 할 수 있는 일을 할 때 생기는 기쁨이 있는데 여기에다가 맹렬한 감정에서 나온 열정보다는 기술이 수반될 때 더 효과적인 법이라는 말이다. 노련한 것으로의 흔들림이 없는 전진은 익숙하지 못한 풋내기들(Raw Recruits)과 미친 듯 돌진하는 것보다는 훨씬 능력적인 것이다.

세계적인 걸작품들은 일터에서뿐만 아니라 학교에서도 만들 수 있다는 사실은 보다 확고한 것이다. 자기의 연장(Tools Sharp)을 항상 갈아 놓고 목표에 도달하고자 온갖 집요한 노력을 다하는 묵묵하고 착실한 열정을 가진 그 끊임없는 노력을 경주하는 노련한 숙련공들(Skilled workmen)에 의하여 창작된 것들이 곧 세계적인 걸작품들이다.

16. 최대의 진지한 난점의 하나는 교수법칙 위에 기초한 조직적인 가르침에 대한 몇 분들이 제기하는 반론에 대한 것이다.

교육법칙에 근거하여 볼 때 체계적인 교육의 가장 심각한 반론이 제기되는 것은 종종 주일학교 교육의 주된 목적은 교훈하는 것이라기 보다는 감명을 주는 것이며 또한 숙달된 교육이 설령 아무리 바람직하다손 치더라도 적절한 경우에 있어서의 감정을 향한 호소와 진지한 권면에 비하면 훨씬 덜 중요하다고 생각하는 목사와 주일학교 교사 및 몇몇 이에 동의하는 사람들에 의하여서이다. 어떤 확실한 진리에 의하여 전달된 것처럼 영원한 능력을 가진 권면이 어디 있겠는가? 용솟음쳐 나오듯 호소를 하는 마음이 뜨거운 교사와 무관심으로 모두 감정이 뻣뻣하게 굳은 차가운 마음의 교사 가운데 하나를 선택하라면 아마 전자를 택할 것임은 자명한 일이다.

그러면 왜 그들 중에 하나를 고르란 말인가? 왜 어느 한쪽이어야 하는가? 수증기와 얼음 외에 식수(The Water of Life)로서 사용될 다른 위생적이고도 적당하게 데워진 따뜻한 물은 없다는 말인가?

교사는 그들 자신의 마음이 진리와 함께 불타오른다. 그리고 교사는 그의 학생들을 진리와 동일한 명확한 이해에 도달하도록 누구든 능숙하게 이끌어간다. 그럼으로써 그 교사는 그의 그 영감적인 능력 안에서 결코 실패하지 않을 것이다.

17. 이러한 질문들은 그 질문에 해답을 얻도록 반드시 제기되어한다.

그 질문들이 주일학교에서와 더욱 주간학교에서 진정한 교육의 필요를 믿지 않으려 하는 경향을 철폐하게 될 때 이 교육의 법칙들이 지성의 법칙임을 확인받게 될 것이다.

뿐만 아니라 주일학교 지도자들에게 이 교육의 제법칙들이 그의 하신 일을 연구함에 있어서나, 하나님의 말씀에 대하여 연구함에서도 충실하게 적응해야만 할 지성의 법칙들임을 확신시켜 줄 때에 비로소 그 목적과 합치하게 될 것이다.

교사들을 향한 발언(A Word to Teachers)

18. 이제 남은 문제들에 대하여서는 다른 장에서 그것들에 대한 일곱 법칙의 철학과 그 의미들을 충분하게 토의하게 될 것이다.

그러나 여기에서는 교사들 특히 주일학교 교사(Sunday School Teacher)들에 관한 것이 강조되었다. 그들에 관하여는 각별히 보다 진지한 주의력을 쏟아 줄 것을 촉구하는 것이다.

당신의 학생들을 가르치는 동안(While facing) 당신은 그들의 마음에 들어가 보는 능력을 갖기를 바라는 당신의 그대로 되기를 바란다.

복음을 믿는 확신에 따라서 또는 과학의 진실을 따라서 확신한 방향을 제시하여 줄 수 있는 능력을 갖기를 기대하는 당신의 기대가 얼마나 간절했었는가?

교사인 당신에게는 아무런 다른 열쇠로도 당신의 학생들의 영혼이 거하는 방문을 열 수 없을 것이다. 따라서 당신은 언제나 그들의 불가사의한 우울이나 침울한 어두움을 통찰할 가능성을 항상 소유하고 있는 거울은 아닐 것이다.

그렇지만 공통적인 성질(Common Nature)로 위치한 당신의 대법칙 그리고 그것이 전달되는 선(Communication of Line)을 통해서 당신의 지성으로부터 새로운 사상을 생생하게 보낼 수도 있을 것이며 또한 다른 이로 하여금 그것을 수용(Receive)하여 깨달을 수 있도록 그것을 포용할 수 있을 것이다.

19. 이 법칙들에 대한 토론을 계속하는 거기에 필연적으로 발생하는 약간의 표면적으로 되풀이되는 일들이 있는 것은 부득이한 일이다. 그것들은 하나의 공통판도(A Common Territory)를 넘어선 흩어져 산재한 고도가 상이한 일곱 개의 언덕과 비슷한 것이다. 우리가 하나씩 차례로 올라갈 때에 각기 정상에서 본 그때 그때의 풍경의 여러 모습이 비슷한 것 같지만 항상 새로운 방향과 새로운 시야를 가지고 있음을 발견하게 될 것이다. 그것이 주의 깊은 학생들에게는 새로운 분류와 관계 그리고 새로운 양상과 용도를 보게 해 줄 것이다. 그러기 때문에 우리들은 성공적으로 각각의 사다리(Climb each)를 극복하여야 한다.

다시 말하면 항상 새로운 관점과 고도가 상이한 그것들의 정상

(Summits)으로부터 따로 따로 보는 독특한 새로운 시계(Horizon)를 포함해서 함축적인 의미를 파악하여 가능성의 기초가 되게 해야 한다.

또한 새로운 그룹들이 조심스러운 학생들을 위하여 새로운 주장(Relation)과 관점(Light)을 가져올 것이며 새로운 문제의 견해들과 그것들의 방법을 내어놓게 될 것이다.

그러나 그처럼 되풀이하는 그것들 자체가 결코 가치 없는 일이 되지 않을 것이다. 왜냐하면 그것들 자체가 가르치는 기술에 있어서 대단히 긴요한 면모들을 강조하는 데에 도움을 주고 있기 때문이다.

그리고 그 원리들이 교사들에게 있어서 집요하게 묻게 될 것이며 따라서 그것은 대단히 자주 주어지는 강조점이기도 하다.

그러나 그것은 교사들에게 깊은 인상을 지어 줄 것이다.

2 교사의 법칙
The Law of the Teacher

　1. 법칙의 우주적인 절대성(Reign)은 현대과학에 있어서 중심적인 진리(Central Truth)임은 틀림없는 진실이다. 인간이나 또는 자연에 있어서 그 법칙을 떠나 있는 세력은 있을 수 없고 오히려 법칙의 지배(The Control of Law) 아래서 진행되고 결과되어진다. 정신이나 또는 물질에 있어서도 이 사실은 같다. 어느 것도 법칙에 따라서 일어나지 않는 진행이나 결과에 찾아볼 수가 없다. 자연법칙의 가장 간단한 개념(Simplest Notion)은 그것은 힘과 작용(Forces and Operations)에 있어서 한결같이 영원하다는 것으로 결과된다는 사실이다. 다시 말하면 그 힘과 작용에 있어서 일정 불변이라는 사실이다. 왜냐하면 원인이 그 결과를 일으키게 하고 그리고 결과는 그 원인에서 일어나는 것이기 때문이다. 이것은 불가항력적 법칙(Irresistible Laws)으로서 결코 저항할 수 없는 것이다. 생각컨대 사물은 그것이 무엇이든지 그것들이 존재하는 법칙을 따라서 존재하고 있는 것이다. 우리가 그 많은 사실의 법칙을 배우는 것은 우리가 그것에 관하여 알 수 있는 가장 근본적인 진리를 배우는 것이 되기 때문이다. 자연에 있어서 이 획일성은 모든 과학의 기초이며

모든 실질적인 기술의 기초이다.

뿐만 아니라 정신과 물질에 있어서 일정 불변의 법칙의 절대성(The reign of Unvarying laws)은 사실 모든 진정한 과학에 있어서의 기본적인 조건이다. 정신은 법칙의 안에 자유를 소유하고 있다. 그러나 그 법칙에 반대되는(Contrary) 결과들은 생산해 내는 그러한 지나친 자유 또는 방종(Liberty)은 아니다. 다시 말하면 정신은 법칙의 둘레 안에서는 자유를 갖고 있지만 그 법칙에 반대되는 어떤 결과를 가져올 어떠한 자유도 갖고 있지 않다는 말이다.

그러므로 교사는 대양을 항해하는 선박이나 또는 창공에 빛나는 별들과 같이 법칙의 지배를 받아야 한다. 교사는 법칙에 따라야 하며 그 법칙에서 자유할 아무런 권리를 교사는 갖고 있지 아니하다.

교사의 위치와 사역에 있어서 대단히 중요하게 인식되는 많은 자격들(Many Qualifications)이 있다. 그리고 만일 그처럼 요청되는 모든 자격들이 충분히 갖추어지기만 한다면 그 교사는 하기 어려운 탁월한 장점(Impossible Excellences)의 한 완전한 집단에 있어서 모범된 남녀(A Model Man or Woman)가 될 것이다. 대단히 좋은 성품과 보기 드문 도덕적 자질들은 젊은이들을 가르치는 교사(Instructor)로서 또한 실제로 교육할 때가 아니더라도 교사가 모범의 부족 때문에 해를 끼치는 일을 방지하는 데에 절실하게 바람직한 것이다.

그러나 만일 우리가 모든 교육하는 사역을 위하여 절실하게 필요하지 않은 자질들을 우리들의 목록으로부터 하나 둘씩(One by One) 제거해 버린다면 우리는 결국 절대적으로 필요 불가결한 것 즉 교육 그 자체의 실제적인 개념에 필요한 가르쳐야 할 주제와 사물에 대한 지식을 반드시 보유해야 한다는 사실과 또한 법칙에 지배를 받아야 한다는 사실을 스스로 발견하게 될 것이다.

그렇다면 교사의 법칙—교사를 한계 지우고 교사를 묘사하는 법칙—은 이것이다. 즉—교사는 가르치려는 것을 알아야 한다(The Teacher must know that which he would teach)—는 것이다.

이 법칙의 철학(The Philosophy of the Law)

2. 우리에게 있어서 증명할 나위 없이 보다 분명한 사실은 우리가 지식이 없이 결코 가르칠 수 없다는 것이다. 생각해 보라. 어떻게 우리가 없는 것에서 있게 할 수 있는가? 어떻게 흑암이 빛을 낼 수 있겠는가를! 이 법칙을 확인(State as a fact)하는 것은 마치 자명한 일을 반복적으로 설명하는 것처럼 보여진다.

그러나 그것을 보다 깊이 연구하여 보인 것에 따르면 그것이 곧 근본적인 진리가 된다. 그것이 곧 교사의 법칙이다. 어떤 다른 자질로 그처럼 근본적이며 필수적일 수가 없다. 만약 그 법칙의 술어(Term)를 바꾸어 놓으면(reversed) 그 속에서 보다 중요한 다른 진리를 들어내 준다. 곧 '교사는 자기가 아는 것을 가르쳐야 한다' (What the teacher knows he must teach)는 사실이다.

3. 안다(Know)는 말은 교사의 법칙에 있어서 가장 중심적인 위치를 차지하고 있다.

지식(Knowledge)은 교사가 그의 사역에 있어서 실질적인 것(Material with)이다. 다시 말하면 지식은 교사가 사역의 주된 재료인 것이다. 따라서 그 법칙에 있어서 추구되어야 하는 첫째 이유는 본질적인 지식이다.

사람들은 지식을 말할 때(Call knowledge) 진리를 처음 얼핏(glimpse : 一瞥) 훑어보는 것으로부터 그것을 충분히 이해하는 것까지 모든 계층(all degrees)의 이해하는 정도를 총망라해서 말한다.

우리들이 서로 상이한 장소에서 경기의 경험을 우리들의 몸에 익힐 때 다음과 같은 여섯 가지 단계로 특징지어 진다.
(1) 어렴풋이 희미한 인식(Faint Recognition)
(2) 무엇이든 우리가 배운 것을 다시 생각해 내서 개괄적으로 다른 사람에게 설명할 수 있는 능력
(3) 즉시 그것을 설명하고 증명하며 예를 들고 적용할 수 있는 능력
(4) 올바른 인식(Appreciation)과 이해 그리고 그 중요성에 의하여 행동하며 우리의 행위가 바로 그러한 지식과 이해에 따라서 변화되어 간다. 역사는 오직 그것을 읽고 이해하는 사람들에게만 역사이다(History is History only to him who thus reads and knows it). 그처럼 바로 이 마지막 형태의 지식 또는 경험이 진정한 교사의 법칙에서 읽혀져야 할 중요한 것이다.

4. 그렇다고 하여 아무도 이러한 지식의 풍부함이 없이는 결코 가르칠 수 없다는 것을 단언하는 것은 아니다. 또한 그처럼 자기의 주제 내용을 철저히 아는 사람도 모두 반드시 성공적으로 가르칠 수 있을 것이라는 것도 사실과는 다르다.

그러나 분명한 사실의 하나는 불완전한 지식(Imperfect knowing)은 불완전한 가르침에 여실하게 반영된다는 것은 추측할 수 있는 일이다. 누구든지 어떤 사람일지라도 알고 있지 못한 것을 그는 가르칠 수 없다는 것은 분명한 진실이다.

그러나 교사의 법칙은 교수의 여러 가지 다른 법칙들 가운데 하나에 불과한 것이므로 이것을 소홀하게(Neglect)하는 것으로부터 뿐만 아니라 다른 조건들(Other conditions)을 위반(Violations)하는

것으로부터 또한 실패(Failure)가 오는 것이다. 이와 똑같이 어느 정도의 성공은 다른 법칙들을 따를 때 올 수 있는 것이다. 그렇지만 교육 내용에 대한 충분하지 못한 지식으로 특징지어진 가르침은 참으로 불안하며 그 가르침은 절름발이처럼 불균형한 인격자로 사람을 기르게 될 것이다. 두려운 일이다.

5. 한 진리(a truth)는 그것들의 유사점(Resemblance)에 의하여 식별(know) 되는데 이것을 더욱 잘 알 수 있는 것은 이것의 다른 진리들에 비추어 볼 때 더욱 분명해진다.

학생은 한가지 사실을 한가지로만 따로 보는 대신(Instead of)에 그것을 연결하여(Linked) 그 모든 결실이 풍부한 관련 속에서(In all its fruitful relations) 진리의 거대한 몸집(The great body)에 연결되어 있음을 보아야 한다.

위대한 원리들(Great Principles)은 보다 선명하게 보이는(Vividly seen) 잘 알려진 사실들(Familiar facts) 가운데서 발견될 뿐만 아니라 보다 명백하게 설명된 개념들 가운데서 발견되어지는 것이다.

예증할 때의 효력(The power of illustration)—교사들의 기술(The Teacher's Art)에 있어서의 가장 중요한 도구—는 분명하고 익히 알고 있는 지식에서만 나온다.

무지한 교사(Unknowledge teacher's)는 마치 길을 밝히기 위하여 텅 빈 등불(Empty lamp)을 갖고 나선 소경이 또 다른 소경을 인도하려는 것과 같을 뿐이다.

6. 생각해 보면 학교에서의 지리학을 배울 때 매우 흔한 사실들(Common Facts)—지구가 둥글며 대양과 대륙의 한계 산맥과 강 그리고 조밀한 인구와 도시들과 주(People states)들—이의 절반만 배

운 교사들이 학생들에게 얼마나 단조롭고 하찮게 보였는지 모른다. 그러나 유능한 교사가 가르칠 때는 얼마나 감동적이었던가! ······ 그들에게는 지구가 한 형태를 갖기까지의 길고 긴 시대를 이어 온 원인들의 여정이 한 눈에 잘 정돈되어 선하게 보인다.

　그러한 교사들에게 있어서는 지리학은 과학의 한 장이며 우주의 역사이다.

　성경의 진리들도 그와 같다(with Biblical truths). 그것들이 부주의한 사람들과 모든 것을 적당하게 해치우는 교사들에게 있어서는 무미건조한 일이다.

　그러나 그들의 연구에 있어서 역사 과학 및 모든 형태의 기록된 체험들을 수렴하는 빛을 투입하여 진리의 정상을 추구하는 사람들에게는 진리는 찬란하게 빛나며 보다 더욱 풍부한 의미를 지니는 것이다.

7. 그러나 교사의 법칙은 아직도 심오하다. 보다 더 깊고 장엄한 의미가 있다.

　진리는 그것이 보다 생생하게 느껴지기 이전에 먼저 보다 분명하게 이해되어져야만 한다(Truth must be clearly understood before it can be vividly felt.). 과학을 철저히 배운 착실한 학생들만이 그 과학에 대하여 보다 열중하게 된다. 그것도 마치 시인이나 웅변가(The Poet and the Orator)가 아름다운 시적 감동이나 유창한 웅변을 그들에게 보여 주고 그들을 경주하게 하는 그들의 교사로 만드는 것과 같은 것이다.

　Hugh Miller는 지리학자(The Geologist)이다. 그는 바로 그 예리한 해독의 눈과 필치로 '암석의 증언(The Testimony of the Rocks)'을 기록했다.

또 위대한 천문학자 Kepler는 자기 앞에 별들의 신비가 펼쳐지며 보이게 되자 그는 미쳐 날뛰었다. 그리고 Agassiz는 그의 생계를 위하여(for money) 강의해야 함에도 불구하고 한 고생대의 어류(The Fishes of an Ancient World)의 연구에 몰두한 나머지 강의시간을 낼 수 없었다고 한다.

교사가 자신이 가르치려고 하는 과목의 내용을 단지 절반밖에 모른다고 하면 그런 교사는 냉담하고 기력이 없게 되기 마련이다. 그러나 열정으로 불타는 한 사람은 자신이 알지 못하는 사이에 자신의 학생들에게 자신의 흥미로 하여금 활력을 불어넣을 것이다.

8. 보다 분명하게 이해한(Clearly Conceived) 진리에 대한 이러한 진지한 느낌은 곧 교사들과 설교자들에게 있어서 그처럼 칭송받고 감탄스러우며 아름다운 열정의 비결이 아닐 수 없다. 그러한 교사에게는 평범한 진리들(Common truths)이 그렇게 생생한 변형을 가져오는 것이다.

그러한 열정적인 진지한 유능한 교사들에 의하여서만 역사는 한 살아있는 파노라마(Panorama)이다. 역사는 곧 현존하며 끊임없이 변하는 하나의 광경으로 이어진다. 지리(Geography)는 주거 국가들의 커다란 대륙적 뻗침으로 확장해서 생각되어 진다. 또한 천문학은 세계와 세계의 系들의 행진으로 되어 버린다.

생각해 보라. 교사의 주제의 재료들이 그처럼 반짝이는 실제로 가득 찰 때(So rich in Radiant reality) 어떻게 교사의 태도가 보다 진지하고 감동적이지 않을 수 있겠는가?

9. 모든 교사의 능력을 보다 고차원적인 행위로 향상시키는(Mastered) 것은 그렇게 철저하고 대단히 잘 숙달된 지식이다.

그러는 반면 그 피식은 또한 교사가 그 능력을 구사하며 사용하게 하여 준다. 교사라면 그의 교과서에만 의존하는 대신에 마땅히 그러해야 하듯 자기 수업을 잘 알아 학교수업에 정통하며 그의 학생들의 노력을 주시할 수 있으며 쉽게 그의 학생들의 사고방식을 이끌어 줄 수 있다. 그는 그의 학생들이 어떤 진리에 처음 부딪혔을 때의 이해 정도를 곧 알아보고 해석해 내며, 그들의 길에 도전해 오는 장애물을 스스로 제거하도록 도와주며 격려할 만반의 준비를 갖추고 있다.

10. 한 교사의 즉각적이고 분명한 지식은 학생들에게 필요로 하는 신뢰를 주게 되며 그것은 그들을 돕는데 결정적인 영향력이 있는 것이다.

우리도 우리가 탐구하기를 원하는(Wish to Explore) 분야에 보다 철저한 지식을 갖춘 안내자를 기대하며, 그를 따르고 기뻐해 한다. 그러나 무지하고 무능한 지도자에게는 내키지 않는 마음으로 흥미도 없이 마지못해 끌려간다. 어린이들은 그들이 신뢰하지 않는 사람에게 배우기를 거부한다.

그러나 이것이 모두는 아니다. 학자들—뉴톤(Newtons), 훔볼트(Humboldts), 그리고 헉슬리(Huxleys)—은 그들 자신이 연구하는 과학에 일반 국민들의 관심을 불러 일으켜 과학에 대한 국민들의 비전을 일으켰던 것이다.

그와 똑같이 잘 준비된 교사는 더욱 더 공부하려는 적극적인 갈망을 그의 학생들에게 일깨워 준다. 하지만 어떤 유감스러운 경우에는 아무리 위대한 지식도 학생들로 하여금 공부에 대한 열정(A Love of study)을 영감처럼 불러일으키는 능력을 수반하지 못한다. 그러므로 이것은 특별히 젊은 학생들을 성공적으로 가르칠 수 있는가 하는 사활을 건 조건이다. 비록 얼마 안되는 지식을 소유한 교사이지만 그러나 그의 학생들을 북돋우는 능력을 가진 교사가 그럴지라도 만물박사이지만 그것이 결여된(Without it) 사람보다는 더 낫다.

11. 교육의 위대한 법칙의 가장 첫째 되는 철학은 바로 그러하다. 그 철학이 이렇게 이해될 때 저 위대한 교사이신 예수님을 제외하고는 아무도 완전히 깨닫지 못했던 이 철학이지만 진정한 교사라면 모두 그의 사역에 도달해야 하는 훌륭한 이상을 생생하게 묘사하고 있다. 이 철학은 성공적인 교사가 가지고 있어야 할 힘을 정확하게 규정지어 준다. 갓난아이를 교육하는 어머니로부터 가장 추상적인 과학을 가르치는 교수에 이르기까지 국회의원에게 연설하는 웅변가 그리고 수많은 회중들(Great congregations)을 가르치는 설교자들에 이르기까지 이 법칙은 예외를 모른다. 또한 이 법칙을 위반하여 성공한 어떠한 사례도 허락하고 있지 아니하다.

그것은 어디서나 마찬가지이다. 이에 더욱 분명한 것은 '교사는 가르치려는 것을 알고 있어야 한다(The Teacher must know that which he would teach)'는 사실은 언제 어디서나 어떤 경우나 마찬가지이다.

교사들을 위한 규칙(Rules for Teachers)

12. 교사의 법칙에서 발생하는 여러 가지 규칙들 가운데서 가장 중요한 것들은 다음 사항들이다.

(1) 매번 수업을 준비할 때는 반드시 새로운 연구를 하라. 작년에 이미 알았던 지식의 얼마는 반드시 기억에서 희미해졌을 것이다. 다만 생생한 이해만이 우리들의 최선의 열

심을 내도록(To our best effects) 영감을 불어넣어 준다.
(2) 학과들 가운데서 그것들과 보다 친숙한 사실들과 원리들과 어떤 유사점(Analogies)이 있는가를 찾아 보라.

　이것들 가운데 다른 사람에게 가르쳐 줄 좋은 예가 있다.
(3) 학과를 연구하되 자신의 가장 친숙한 언어(Familiar language)로 표현할 수 있을 때까지 공부하라. 분명한 이해의 마지막 결과로 나타나는 것은 또렷한 설명이다(The final product of clear thought is clear speech).
(4) 그 학과의 몇 단계들로 된 자연스러운 순서들을 찾아 보라.

　모든 과학에 있어서 그것들의 가장 간단한 개념에서부터 가장 폭이 넓은 견해(The broadest views)들에 이르러서는 가장 자연스러운 길이 있다. 역시 모든 학과에 있어서도 이는 마찬가지이다.
(5) 모든 학과와 그 학과를 배우는 사람들의 생활과의(To the lives) 관계를 찾아 보라. 학과의 실제적인 진가는 그것들과의 관계에 있다(Its practical value lies in these relations).
(6) 모든 정당한 보조자료를 자유롭게 이용하라(Use freely all legitimate aids). 그러나 그 진정한 의미가 보다 명확하게 이해될 때까지는 당신은 결코 이해하기를 쉬지 말라.
(7) 몇 가지를 완벽하게 숙달하는 것이 대단히 효과적이고 실제적임을 명심하라.

　그것은 많은 것을 효과없이 수박 겉 핥는 식으로 이해하는 것보다 훨씬 낫기 때문이다.
(8) 매번 학과를 공부하기 위하여 일정한 시간을 만들어 소유

하라. 분명히 당신의 가르침은 진취적이 될 것이다. 모든 것을 제시간에 행한 예습 때문에 큰 도움을 받을 것이다.

우리는 사전에 그 학과를 공부하는 것을 지킴으로서 진취적이 될 수 있고 계속 배워 나가며 새로운 흥미와 예문들을 수집하게 된다.

(9) 당신은 반드시 연구계획을 소유해라. 그러나 주저하지 말 것은 필요할 때는 시간을 초월하고서라도 계속 집중적으로 연구하는 것을 잊어서는 안된다.

가장 효과적이고 좋게 여겨지는 기억술의 한 방법이 있다면 그것은 그 학과들에 대해서 묻고 대답하여 보는 것이다. 물론 왜(why?), 무엇을(What?), 어떻게(How?) … 라고 물어 보라. 그리고 그 대답을 분명히 해 보라.

(10) 부정하지 말아야 할 것은 학과에 관한 주제를 다룬 다른 훌륭한 책들의 도움을 받는 일이다. 필요하다면 사라. 그리고 빌려보며 구하여 보라.

따라서 가장 훌륭한 사고력을 가진 사람들의 도움을 받으라. 도움을 받는 것을 부끄럽게 여기지도 말라. 적어도 당신 자신의 생각을 자극할 수 있는 정도면 충분한 것이다.

그러나 생각없이 읽거나 듣지는 말라. 가능하다면 똑똑한 동료와 함께 그 학과를 토의하여 보라. 의견의 일치를 이룰 때도 있으려니와 그대로 의견의 불일치는 좋은 빛을 던져줄 것이다.

이런 보조물들이 없을 경우에, 자신의 견해를 명문화해 보라. 명문화된 자신의 생각은 불명료한 자신의 생각들을 교정해 주기에 충분할 것이다.

위반사항 및 잘못들(Violations and Mistakes)

13. 이러한 논의들은 그 법칙의 빈번한 위반사항들에 대한 몇 가지 언급을 빠뜨릴 수가 없다. 왜냐하면 그러한 언급을 빠뜨리면 이러한 논의들은 불완전한 것들이 될 것이기 때문이다.

가장 훌륭한 교사라 할지라도 그의 매우 세심하고 착실한 사역을 부주의한 실책으로 하여금 얼마든지 쉽게 망쳐 버릴 수가 있는 것이다.

진정한 교사는(True teacher) 있을 수 있는 실수를 가장 적게 만들 것이다. 그리고 그가 만드는 그것들에게서 체험적인 교훈을 얻을 것이다.

(1) 교사가 그의 학생들의 매우 무지함(Very ignorance)으로 교사로 하여금 세심한 연구와 준비를 소홀하게 하도록 유혹 받게 될 수도 있다.

이런 때에 교사가 받는 유혹은 그 교사에게 설 땅을 잃게 할 수도 있다. 이런 때에 어떤 경우라도 교사는 그 무지한 학생들보다 그 과목을 더 많이 안다고 생각할 수도 있다. 또 자신이 대답할 말이 있을 것이라는 자만에 빠질 수도 있다.

혹은 자신의 무지나 무준비가 눈치 채이지 않을 것이라 생각할 수도 있다.

그러나 이러한 사실은 대단히 슬픈 착각이다. 그리고 그것은 종종 대단히 비싼 대가를 치러야 할 때도 있다. 기만행위는 특히 교단에서 거의 반드시 발각되고야 마는 것이다. 그 시각부터 교사는 학생들 앞에 설자리를 잃어버리고 만다.

(2) 더러 교사들 가운데에는 학생들이 한 일 즉, 학과를 공부

해야 할 일을 자신이 떠맡았다(Assume)는 사고를 갖고 있는 이도 있다. 또는 자신의 수중에 있는 책의 도움을 빌어 학생들이 할 바를 다했는지의 여부를 확인할 수 있을 것이라는 태도를 취한다.

그러나 그것은 진실이 아니다. 그럴 바에는 차라리 학생들 중에서 그 학과 내용을 잘 아는 아이에게 다른 친구들을 조사하게 하는 것이 훨씬 나을 것이다. 무엇 때문에 교사인 당신의 무관심과 준비의 결여로 인하여 공부에 지장을 줄 것인가?

가르침은 "단순히 학과를 듣는 것" 이상의 것이다(Teaching is not merely "hearing lesson")

(3) 또 하나의 심각한 과오가 있다. 다른 어떤 이들은 학과를 대략 훑어보고는 결론하기를 비록 그것을 충분하게 익히지 못하였거나 혹시 그중 어떤 것은 준비하지 못하였다 할지라도 한 시간을 때울 정도는 되며 그때그때 자기가 아는 적당한 말이나 이야기로 메울 수 있는 것으로 추측하기도 한다.

또는 아무런 준비할 시간이 없거나 마음의 준비가 안되어 있을 때, 가르친다는 생각일랑 깨끗이 잊고 그때 머리에 떠오르는 놀이로 시간을 채우고는 학교란 참 좋은 곳이다. 때문에 학생들이 단지 출석만 해도 얼마 정도는 유익을 얻게 될 것이라고 기대하기도 한다.

그러나 이것은 학생들에 대한 교사의 자기 기만이요 죄악이다.

(4) 보다 심각한 과실이 있다.

그것은 그 학과에서 어떤 자극을 발견하지 못한 채 그

것을 단지 뼈대로만 삼아 그들 자신의 기호에 따라 멋대로 가르치는 과오이다.

(5) 어떤 교사들은 자신의 게으른 무지를 어떤 과장된 학식을 자랑하는 것으로서 애써 숨기려 하기도 한다. 또한 자기의 학생들이 이해하기 어려운 어마 어마한 표현으로 치장하여 교사 자신의 지식의 결핍을 숨기려 한다.

그러나 그보다 교사에 의하여 행하여진 보다 비범한 과실도 있다.

그것은 그럴듯한 어조로 장엄하게 평범한 상투어를 늘어놓거나 또는 학생들이 이해하도록 설명하려면 시간이 모자라는 집중적 연구와 심오한 정보를 갖고 있다고 변명하는 것이다.

과연 학생들의 약점을 이용하는 이런 속임수를 알아차리지 못하는 학생이나 사람들이 어디 있겠는가?

14. 많은 교사들이 그런 식으로 일부만 준비를 하거나 전혀 준비도 하지 않은 채 학생들에게 가르치러 간다.

그러나 그들은 마치 전달할 것을 빼놓고 떠난 사자와도 같다. 더욱이 그들은 그들로 하여금 그들의 노력으로부터 기대할 권리가 있는 열매들을 맺게 하기 위해 필요한 능력과 열정이 전적으로 슬프게도 결여되어 있는 교사들이다.

그러므로 이 가르치는 것의 첫째 법칙에 철저히 자신을 예속시켜 복종할 것이다. 그렇게 될 때 우리의 학교는 숫자와 유용함에 있어서도 끊임없이 증진할 것이다.

3 학습자의 법칙
The Laws of the Learner

1. 이제 교사로부터 학생에게 넘어가서 우리들의 다음 탐구는 학습자의 법칙에 관한 것이다.

여기서 주로 하게 되는 탐색(Search)은 다른 사람들로부터 학습자를 구별하는 그 특질들(Characteristics)—그를 학습자로 만드는 본질적인 요소들—에 관한 것이다.

우리 앞에 한 성공적인 학생 하나를 놓고 그리고 그의 행동과 자질들을 세심하게 주목하여 보자(Note carefully). 그 학생의 응시하는 시선과 그리고 열중하는 태도 그것은 곧 그의 흥미와 집중을 나타내는 태도이다. 흥미와 집중(Interest and Attention)은 진정한 학습자의 정신적 상태의 특질을 나타낸다. 또한 배우는 과정에 기초를 둔 기본적 바탕을 구성하고 있는 것이다.

그러면 과인 학습자의 법칙은 다음과 같이 말할 수 있겠다. 학생은 배우게 될 내용에 대하여 흥미를 가지고 참석해야 한다(The leaner must attend with interest to the material to be learned).

2. 이와 같이 상술된 법칙은 혹시 너무도 자명한 사실처럼 보일

런지 모르겠다. 그러나 그것은 외관상 단순한 것처럼(As it is seemingly simple) 보이나 실제로는 심오하다.

이 진리의 가장 명백한 증명(pianist proof)은 그 진리들에 대해서 모든 사람이 그것을 기꺼이 인정하려는데 있다고 하겠다. 무엇보다도 그 진정한 중요성은 세심한 연구(careful study)에 의하여 발견되는 것이다.

주의력에 대한 설명(Attention Described)

3. 주의력(Attentions)이란 의미는 어떤 대상이나 또는 주제에 대한 정신의 방향이다. 따라서 그 대상 또는 주제는 양면성을 지니고 있다. 그 하나는 외부적인 것일 수도 있는데 그것은 주의 깊게 기계조작을 주시하거나 음악 작품을 열중해 들을 때와 같은 경우이다. 또 하나는 지나간 경험을 "생각해 내거나(Reflects)" 어떤 생각의 의미를 "곰곰이 생각해 보는 것(Call to mind)"과 같은 이를테면 정신적일 수도 있다. 심리학자들은 말하기를 "그 정신의 이러한 방향은 의식이란 초점(focus)에 대상을 맞추는 행위"라고 한다.

그러므로 의식은 "초점(focus)"과 "여백(margin)"을 제시하는 것으로 생각되는 데 초점은 "집중하는" 대상에 대한 우리의 의식으로 점유되어 있고 여백은 아직은 의식의 영역 가운데 있으나 막연하고, 희미하여, 명확하게 정의를 내리기 어려운 감각과 느낌들로 점유되어 있다.

4. 그렇다면 주의력(Attention)이란 전혀 바꿀 수 없는 상태이거나 일정 불변적인 것은 아니다. 우리가 보통 "집중된(Concentrated)" 또는 "열중한(Absorbed)" 주의력이라 말할 때 그것은 집중하는 대상이 의식의 전부를 점유하고 있음을 의미한다.

그러나 열중 또는 집중의 정도는 여러 가지로 다를 수 있다. 이 대상에서 저 대상으로 상상의 나래를 펴며 잠시 스쳐가는 생각에 사로잡혔다가 또 다른 생각에 "주의력을 둘" 수도 있다. 또 어떤 대상을 단호히 붙잡고 있으면서도 여전히 다른 생각을 유혹케 하는 대상을 "의식"할 수도 있으며, 혹은 주어진 대상에 너무나 완전히 빠져서 모든 다른 대상은 실제적으로 존재하지 않는 것처럼 의식할 수 있는 것이다.

5. 이것들 즉 가르치고 배우는 것은 그래서 3가지 종류의 다른 주의력이 있는데 이것들 모두는 가르치고 배우는 관점(The point of view)에서 볼 때 대단히 중요한 것들이다.
  (1) "스쳐가는(Flitting)" 형태의(Kind) 주의력을 보통 "수동적(Passive)" 주의력이라 부른다. 왜냐하면 그 이유인즉 그것은 의지적인 노력을 전혀 수반하지 않는데서 비롯된 것이다.
    다시 말하면 단순히 가장 강한 자극의 명령에 따라 행동하고 주위에 영향을 끼치는 힘이 지적 생활을 주장하게 하므로 극히 "수동적(passive)"이다.
    이것은 원시적(Primitive) 직감적(Instinctive) 근본적 형태의 주의력(Basic type of attention)—특별히 피곤하거나 아니면 쾌활한 마음일 때, 특히 어린이들이 갖는 그런 주의력이 그 대표적인 것이다.
  (2) 그러나 인간 마음의 근본적 특성은 그것에 의하여 지배당하기보다는 중요한 것은 그것은 주위 환경의 힘을 지배할 수 있다는 사실이다.
    지성이란 그것이 인접한 환경의 지배를 받는 것이 아니

라 그 환경을 초월하여 현재를 넘어 미래까지를 내다 볼 수 있는 것이다.

또한 지성은 자연적으로 주의력을 끄는 대상들로부터 주의를 돌이켜서(attend away) 주의를 집중시킬 수 없을지 모르지만 그러나 자신이 중요하다고 여기며 훌륭하고 꼭 필요한 것으로 간주하는 임무와 책임들을 집요하게 그리고 단호히 붙잡을 수 있는 능력이 있는 것이다.

확실한 것은 지성은 환상적인 상상을 붙들어 매고 희미한 목표를 향해 단호하며 집요하게 나아갈 수 있는 것이 곧 지성이다.

이와 같이 독특하게 인간형태의 주의력(Human type of attention)을 "능동적인 주의력(Active attention)"이라 부른다. 왜냐하면 그것들의 첫째 조건 즉 더 즐거워 보이고 더 관심을 끄는 어떤 다른 것을 하려는 유혹에도 불구하고 마땅히 그것을 해야 하므로 하려고 하는 결단인 의지의 노력(An effort of the will)이 있기 때문이다.

(3) 그러나 이러한 노력의 주의력은 항상 능동적이고 또는 경제적이거나 그리고 배움을 위한 효과적인 것은 아니다.

일반적으로 말하면 우리가 우리의 일에 "열중할 때(Absorbed)", 우리가 그 어떤 대상들을 마음에 고정시켜 놓고(to fix in mind) 그것이 대단히 힘들고 괴로운 일이나 정말 영원히 기억하려는 대상들이 우리의 주된 관심을 끌어갈 때 우리들은 가장 쉽게 그리고 가장 경제적으로 배우게 되는 것이다.

다시 말하면 우리가 배우려는 것에 너무도 매료되어 정말 "우리가 함께 끌려갈 때(Carries us with it)" 가장 쉽고 경제적으로 배우는 것이다.

　이러한 주의력은 가장 집요한 노력으로부터 생긴 빈번한 종류 즉 "능동적 주의력(active attention)"으로부터 생기는 것이다.

　이런 주의력은 수동적 주의력(Passive attention)과 흡사하다. 다시 말하자면 그 대상들 자체가 항상 관심을 끌며 의식의 초점을 맞추는데 노력이 전혀 필요없거나 또는 조금밖에 필요하지 않다는 점에서 수동적 주의력과 흡사하다는 말이다.

　그러나 그것은 능동적 주의력에서 움튼 것이다. 즉 집요한 노력과 지속적인 집요함 속에서 발생된 것이다.

　이 세 번째 형태의 주의력은 달리 "이차적인 수동적(Secondary passive)" 주의력이라 부른다.

6. 그것 즉 "이차적인 형태의 수동적 주의력(Secondary passive type attention)"은 학습자의 관점으로부터 볼 때 가장 알기 쉬운 것이고 개발이 바람직한 것이다. 그것은 힘이 덜 들 뿐만 아니라 유쾌하고 효과적인 학습을 뜻함에서이다.

　그러나 인간체험이 내린 일반적인 판결은 이러한 가장 바람직한 조건들은 쉽사리 충족하지 않는다는 것이다. 만약 그렇게 된다면 사실 교사나 학교가 필요치 않을 것이다.

　그것은 아마도 일반적으로 진실한 사실처럼 보인다. 이러한 항상 지속된 "홍미(Interests)"는 오직 하나의 대가를 치르고서야 얻는 것이며 그리고 그 대가란 대체로 피나는 노력임에 틀림이 없는 것 같다(And the price is strenuous efforts). 하지만 이것을 불변의 규칙으로 못박아 둘 수 없는 것은 거의 가장 편한 방법을 취하여 힘들이지 않고 "자라난(Grown into)" 몇몇 의심할 바 없이 귀중한 흥미들이 있기 때문이다.

이것은 가능한 것이다. 그러나 이처럼 그것이 가능한 것은 한 척의 배가 심히 모진 풍랑에 이리 저리 부딪히다가 결국은 어느 안전하고 유리한 항구에 닿게 될 수 있기 때문이다.

인간의 경험(Human experience)은 오랜 세월이 지나는 동안 성공의 주요 요인으로써 노력과 희생 그리고 인내를 단언하여 왔다. 그러나 인간의 경험은 그보다 더 믿을만한 희귀한 교훈들을 가르쳐 주었다.

이 사실은 사업, 예술, 발명, 산업의 분야에서 매우 성공적이었다. 그렇듯이 일반적으로 배움에서도 역시 성공적이다.

인간 활동의(Human activity) 어느 분야에서도 어쩌다가 성공한 사람은 흔하지 않다. 그것은 마치 목적지를 잃고 떠내려가던 배가 안전한 항구에 안착하는 것이 매우 드문 것과 같다.

확실하고 정확하게 익히 알고 있는 사람은 그렇게 익히기까지 지적인 각고(刻苦)와 노력의 개가를 지불했다. 여기 지적인 각고와 노력이란 능동적인 주의력(Active attention)을 다른 말로 표현한 말이다.

7. 그러나 교사가 아무리 이런 학습자의 편에 서서 이러한 노력의 필요성을 해석하기를 교육의 기술(The Art of teaching)이란 단지 임무를 부과하고 이것을 학생들이 성취하도록 이끌면 된다고 한다면 그것은 대단히 어리석은 일이 된다. 그것은 학습자 편에서의 노력의 필요성을 잘못 해석한 것이다.

왜냐하면 그것은 또한 역시 자극하여(Incitement) 움직이게 하거나 또는 두려움으로 인한 동기로부터 나온 일종의 노력이(The kind of effort) 결코 연속적이거나 변치않는 지속적인 관심을 갖게 할 수는 없다는 사실은 이미 인지된 사실이기 때문이다.

그럼에도 불구하고 그 수많은 학생들은 전혀 그 '능동적인 주의력'의 위치나 그 단계를 벗어나지 못하고 있다.

보다 이것은 그러한 학생들은 한때 배우려고 했던 것에 대한 뚜렷하고 지속적인 혐오감을 갖게 된다는 데 문제의 심각성이 있다.

교사의 임무는 본래 엄한 주인이거나 또는 운전기사는 결코 아니다. 그러나 그 보다는 오히려 상담자(Counselor)나 안내자(Guide)와 같은 것이다.

교사의 주된 관심사는 제 이차적인 수동적 주의력(Secondary passive attention)을 개발하는 것이다. 이것의 가장 좋은 방법(the best way)에 있어서 그 하나는 발달 단계를 순차적으로 하여 학생이 학과나 일련의 학과들에서 매번 새로운 단계를 이해하는데 노력을 경주해야 하며, 그 반면 매 단계를 끝맺을 때 역시 그 노력을 매우 보람있는 것으로 보이도록 하게 하는 것이다.

8. 교육의 최신 이론(Modern theories of teaching)은 이러한 점진적인 일련의 노력을(Progressive series of efforts) 경주하는데 있어서 '문제(Problems)'의 중요성을 강조하고 있다.

그 이유는 이 움직임에(This movement) 권할만한 장점이 있기 때문이다.

그 이론인 즉은 다른 것이 아니라 만약 학생이 스스로 문제를 해결하도록 관심을 갖게만 한다면, 그 학생은 문제를 푸는데 없어서는 안될 지식을 파악하려고 필요한 노력을 경주할 것이라는 사실이다.

그러므로 가르치고자 하는 지식을 바로 이런 문제와 연관지을 수만 있다면 학생에게 있어서 학습은 저절로 될 것이다. 나는 그렇게 확실히 주장하는 것이다.

9. 교육에 있어서의 '문제 제시법(Problem method)'의 한 예를 주일학교 교육의 사역에서 든다면 일반적인 주제(General topic)로서 '팔레스틴의 지도(The geography of palestine)'를 들 수 있다.

교육에 있어서 전래적인 방법으로는 이 주제를(This topic) 단원별로 나누어 지식만을 전달하려 노력할 것이다. 즉 팔레스틴의 지구상의 위치, 인접국가, 천연적 특색, 산맥, 평야, 바다, 강, 기후 및 위도, 고도, 풍향, 인접수역(水域), 사막 등등. 그리고 생산물 인구를 결론적으로 숙고하도록 다룰 수 있다.

그러나 문제 제시법(Problem method)은 다른 각도에서 출발한 것이다. 말하자면 학생들로 하여금 그 수업의 현장에서 팔레스틴까지 가상적인 여행을 하도록 만드는 노력으로부터 시작하여 학생들을 가상적으로 그 나라에 도달하게 할 것이고 누구든 그 나라 국민들과 같은 옷을 입게 하고 함께 일하고 살도록 시도할 것이다.

다시 말하면 여행경로, 체재기간 중 주거 및 교통수단 생활, 노동, 의류, 양식 등의 문제와 거기에 따른 부수적인 문제들은 종래의 교수 양식에 의하면 조직적이며 다소 추상적으로 전달될 지식에 관하여 소위, 이른바 '자연적(Natural)' 수요를 불러일으킬 것이다.

10. 그것들 즉 교육에 있어서 문제 제시법이 중요한 위치를 차지하고 있음은 재론할 여지가 없다.

그러나 그것은 체계적이고 점진적인 연구와 전적으로 대치시킬 만큼 다른 것을 전포괄적으로 포함하고 있는 것은 아니다.

교육에 있어서 문제 제시법의 가치란 주로 학습 초기에 학습자들의 열정을 불러일으키는 데서 발휘된다.

또 이 방법은 자극적인 편법으로 극히 논리적이고 추상적인 절차의 단조로움을 깨뜨리는데도 사용된다.

대부분의 어린이들은 일단 보여주면 체계적으로 공부할 수 있고 또 그렇게 하려고 할 것이다.

모든 것은 교사가 단계마다(Step to Step) 새것과 배운 것을 연결시켜 확실히 이해가 되는 부분이 모여 전체를 이루게 하는 기술에 달려 있는 것이다.

이 법칙의 철학(The philosophy of the Law)

11. 얼마나 많은 교사들이 실제로 이것을 태만하여 경시할지 모르지만 그러나 그들도 실제로 주의력이 없이는(Without attention) 학생들이 배울 수 없음에 대하여 쾌히 인정한다.

어떤 교사가 아무리 능숙하게 말한다고 할지라도 주의력이 없는 한 어린이를 누가 가르치기를 시도한다고 할지라도 그것은 마치 귀머거리나 감각이 없는 시체에다 대고 말하는 것과 같은 것이다. 주의력이 없는 아이를 가르치기보다는 차라리 귀머거리나 시체에다 말하는 것이 오히려 나은 것일지도 모른다.

아마 이것은 토론할 필요조차 없는 명백한 사실로 여겨버릴지 모르다. 그러나 이 법칙의 저변에 흐르고 있는 사실들을 잠깐 고찰하여 본다면 그 힘과 위엄을 명확히 깨달을 수 있게 될 것이다.

12. 한 물체를 전달할 때처럼 지식이란 한 사람의 머리로부터 다른 사람에게 전달될 수 있는 성질의 것이 아니다. 왜냐하면 생각이란 붙잡거나 손에 쥐고 다니는 물체와 같은 성질의 것이 아니기 때문이다. 思考란 이 사고를 처음 이해한 사람이 겪은 과정을 받아

들이는 이의 머리 속에 유발시킬 때에만 전달될 수 있는 것이다 (Ideas can be Communicated only by inducing in the receiving mind processes corresponding to those by which these ideas were first conceived).

  사고는 재고(Rethought)되어야 한다. 그리고 경험은 재험(Reexperienced)되어야 한다. 그것은 명백한 것이다. 그러므로 단순한 전달 이사의 것 다시 말하면 학생들 스스로 이해해야 한다는 사실이 요구되고 있는 것은 분명한 사실인 것이다. 그 학생은 고정된 목적과 결의로써 다른 말로 하면 주의력 있게 집중적으로 공부해야 한다. 이 말은 다시 응시하고 듣는 것만으로 충분하다는 뜻이 아니다. 만약 단지 응시하고 듣는 것으로 충분하다고 한다면 그것은 다만 머리로 2분의 1만 깨우친 셈일 뿐이다. 마치 착상하고 획득함에 있어서 극히 가냘프고 단편적인 지식을 획득함에 지나지 않는다. 언제나 그렇듯이 꿈결에서 들은 것 같은 개념은 어렴풋하고 단편적이어서 쏜살같이 사라지므로 부정확하고 아무 쓸모가 없는 것이다.

  교사와 교과서는 지식을 제공하여 주지만 그러나 학습자의 집중하는 주의력의 능력에 따라서 자기 머리속에 소화할 만큼의 지식만 이해하게 될 것이다.

13. 단지 마음은 다른 사람들의 사상(Other people's ideas)을 집어넣는(stow) 하나의 용기(容器; receptacle)일 뿐이라는 그러한 개념은 전적으로 잘못된 것이다.

  마음의 본성에 대하여 우리가 이해하기로는 동기에 의하여 작용된 능력, 또는 힘의 성질인 것이다. 괘종시계 치는 소리도 우리의 귀에 들려오고 스쳐 지나가는 어떤 물체도 우리들의 눈에 영상을 맺힐 수 있다. 그러나 부주의한 마음은 우리가 듣지도 보지도 못하는 것이다. 한 페이지를 우리들의 눈으로 전부 훑어 읽고 나서도 그 속의 내용을 전혀 상기할 수 없었던 경험은 없는가? 이러한 현상은 감각이 제대로 기능을 발휘했지만 마음은 딴 생각으로 심하게 붐볐기 때문이다.

14. 정신활동의 힘(The vigor of mental action)은 근육활동의 경우에서처럼 그것은 작용하는 자극에 따라 비례한다.

그와 같이 학생의 마음은 교사의 지휘나 냉담한 의무감의 호소에 즉각적으로 반응을 보이지 않을 수도 있다.

우리는 우리들의 사역을 '의지를 구사해서'(with a will) 시작할 때—우리들의 사역에 대하여 보다 깊은 관심으로 시작할 때—비로소 최대의 효과를 얻을 수 있다.

예기치 않은 여분의 능력은 요구가 강력할 때만 발휘되는 법이다. 관심이 증가되면 주의력도 커지며 보다 많은 것을 성취할 수 있게 된다.

관심의 근원(Sources of Interest)

15. 관심의 근원은 주의력에로 접근하는 길로써 그것은 다양하다. 모든 감각기관은 학생들의 마음으로 들어가는 한 관문이다.

밝은 리본 한 조각으로(by a bit of bright ribbon) 어린 아이의 주의를 끌 수도 있고 크게 우는 어린 아이의 눈앞에 특이한 물체를 흔들고 응시하게 하여 울음을 멈추게 할 수도 있다. 종종 연사의 손짓(The orator's gesturing hand), 그의 웃거나 또는 정열적인 표정 그리고 다양한 억양의 목소리가 그 웅변의 내용보다 더 청중의 주의력을 끌 수가 있는 것이다.

사람의 마음은 무엇보다도 감각에 그리고 가장 강력한 호소력을 가진 것에 주의력을 집중하는 것이다.

16. 교사는 웅변가처럼 자유로운 몸짓(Free gesticulation)과 위풍당당한 목소리를 구사할 기회는 거의 없는 것이지만 그러나 제한된 한도 내에서는 얼굴 표정, 음성, 손을 능력껏 구사할 수 있다. 손을 위로 쳐든 채 갑자기 말을 멈추면 대단히 떠들던 학생들의 시선을 끌뿐더러 주의를 기울여(Give attention) 듣게 할 수 있다. 그림을 보여 주거나 또는 실례를 든 자료들을 보여 주면 가장 무관심하고 냉담한 학생들도 관심을 보이게 될 것이다.

또한 목소리를 갑자기 높여 말하거나 낮추어서 말해도 새로운 주의력을 불러일으킬 수 있다.

이 모든 것들은 그 나름대로 가치가 있는 것들이다.

17. 그러나 이것들도 필요할 때만 사용해야 하는 일종의 고안물일 뿐임(Only devices)을 잊지 않도록 해야 한다.

교사인 당신은 항상 노력해서 가르치려는 것을 재미있게 전달하여 학생들로 하여금 주의력을 기울이도록 만들어 가야 한다. 사실 그것은 대단히 필요한 것이다.

학생들에게 주의력을 집중하는 법을 가르치면 그들은 능동적 주의력(Active attention)의 단계를 거쳐 이차적 수동적 주의력(Secondary passive attention)의 단계에 도달하게 되어진다.

인위적인 자극제는 단지 주의를 모으는 수단의 마지막 도구로만 사용하여라.

18. 진정한 관심의 근원은 그 학습(The lesson)과의 관계에서 학습자의 과거의 생활 가운데 어떤 일과 연관관계들 속에서 찾아볼

수 있고 특히 그의 미래에 대하여 그 학습과의 관계 속에서 보다 풍성한 하나의 근원을 찾을 수 있는 것이다.

우리는 이것들에다가 주제(Theme)에 대한 교사들의 관심의 만족과, 똑같은 환경(Same field) 가운데서 학습자들로서 돕는 학생간의 경쟁의식으로 인하여 생긴 관심을 더 추가(Add)할 수 있다.

이것들 모두는 학생들의 인격에 호소하여 자기관심(Self-interest)을 계발하도록 만들기 위한 것들이다.

관심은 나이에 따라 변한다(Interest varies with age)

19. 관심의 근원은 학습자들의 나이에 따라, 성장과 발달(Growth and Intelligence)의 단계에 따라 변한다.

이것은 대단히 중요한 사실이다.

6세 된 어린이는 대체로 16세 된 십대를 매혹케 하는 그 많은 화제에 전혀 관심이 없다.

어린이와 어른은 가끔 같은 광경과 대상에 깊은 관심을 보이기는 하지만 그러나 대개의 경우 그것들의 다른 면에 대한 관심일 뿐이다.

어린이에게 있어서 어떤 현저한 발견은 감각이 인상적인 어떤 사실이나 어떤 개인적 만족으로도 그 어린이의 주의력을 끌기에 충분한 자극이 된다는 사실이다. 그러나 성인은 보다 뜻깊은 관계, 원인 또는 결과에 보다 현저한 주의력을 집중시킨다.

어린이가 성숙하여감에 따라 그들의 관심은 보다 구체적이고 보다 자기 중심의 사물들에서 추상적이고 궁극적인 데로 변화하여 가는 것이다.

20. 주의력은 관심의 결과로써 일어나므로 우선적으로 관심을

자극시키지 않고 주의를 끌려는 시도는 어리석은 노력일 뿐이다.

　수업을 받는 동안 주의력을 집중해야 하는 것은 학습자의 의무임은 두말할 필요가 없다. 그러나 의무감은 교사뿐만 아니라 어린이도 가져야 한다.

　아주 작은 어린이에게 있어서 이 의무감은 다소 애정과 동정에 의해서 표현될 수 있을 것이고 이것들을 통해서 어린이는 충분히 이해할 수 없는 책임의식을 느끼지 않을 수 없게 될 것이다.

　그 작은 학생은 그런 식으로 인도되어 교사가 사랑하고 찬양하는 (The teacher loves and praises) 대상들에 대하여 충분히 그 중요성을 깨닫게 되기 전에 깊은 관심을 느끼게 되는 것이다.

21. 주의력(The power of attention)은 지능발달에 따라서 증가하여 간다. 그리고 그 어린이의 나이에 비례하는 것이다.

　대단히 짧은 수업도 작은 어린이들의 주의력을 아주 고갈시켜 버릴 것이다. '짧게 그리고 자주(Little and of often)'의 규칙을 적절하게 가르치기 위한 규칙을 아주 적절하게 적용하여 이 작은 어린이들은 가르쳐야 하는 것이다.

　오랜 시간의 주의력은 보다 성장한 사람에게 속하는 것이다.

주의력의 장애물(Hindrances to Attention)

22. 주의력에 있어서 두 가지 중요한 장애물이 있다. 무관심이 그 하나이고 산만함이 그 둘이다. 무관심은 고려중인 주제에 대한 취미의 결여, 피로 또는 어떤 다른 육체적 조건에서 일어날 수 있는 것이고 산만함은 몇몇 대상에 주의가 분열된 것으로써 이 두 가지 모두가 배움에 있어서 두려운 적이다.

　만일 피로나 병에서부터 무관심이나 산만함이 기인한 것이라면 지혜로운 교사는 수업을 강행하려 하지는 않을 것이다.

교사를 위한 규칙(Rules for Teachers)

23. 이 학습자의 법칙에서부터 교육의 보다 중요한 규칙들 몇 가지가 탄생한다.

(1) 학급의 주의력을 끌기 전에는 결코 수업을 시작하지 말 것이다.

학생의 얼굴에는 배우려고 하는 하나의 동기가 분명히 표현되어 있기 때문에 모든 학생들이 몸뿐만 아니라 정신도 집중되어 있는지 학생들의 얼굴을 찬찬히 살펴 볼 것이다.

(2) 학생들의 주의력이 중단되거나 잃게 될 때는 그것을 완전히 되찾게 될 때까지 가르치기를 쉬고 기다릴 것이다.

(3) 결코 당신의 학생들의 주의력을 완전히 메마르게 고갈시키지 말 것이다. 피로한 기색이 나타나면 즉시 중단하는 것이 효과적이 된다.

(4) 학생들의 연령에 맞춰 클래스의 수업시간을 조정할 것이다. 학생들이 어리면 수업도 짧게 조정해야 하는 것이다.

(5) 필요할 때는 주의력을 끌어야 한다. 주의력을 끌되 다양성 있는 표현방식으로 할 것이다. 그러나 산만하게 되는 것을 매우 조심해야 할 것이다.

목적하는 학과에 계속 유의하면서 그것을 반드시 전달하도록 위치를 지켜야 할 것이다.

(6) 주제에 대한 가능한 최고의 관심을 보이며 그것을 계속 유지되게 할 것이다.

관심과 주의력(Interest and Attention)은 서로 보완한다.

그리고 서로 작용한다.
(7) 그 수업의 관점에서 수업을 하며 예화를 들어주되 학생들의 연령과 학식에 일치하도록 하는 각도에서 할 것이다.
(8) 가능하다면 당신의 학생들의 관심을 언제나 끌 수 있도록 하는 것이 가장 좋은 것이다.
(9) 학생들이 가장 좋아하는 이야기(Favorite stories), 노래, 주제(Subject)들은 종종 그들의 관심과 주의력을 집중시키는 열쇠가 되는 비결이기도 하다. 그것들이 무엇이든지 그것들을 찾아서 사용할 것이다.
(10) 교실 안이나 밖의 생소한 소음과 같은 그 근원을 찾아내어 교실 안을 산만하게 하는 부담을 최소한도로 줄이도록 할 것이다.
(11) 교사를 약오르게 하는 질문들(Provoking questions)—곧 생각해야 하는 질문들을 미리 준비할 것이다. 다만 당신의 학생들의 연령과 학식에 지나치지 않는 것이어야 함을 분명히 명심할 것이다.
(12) 예화와 그리고 모든 적법한 고안(Legitimate devices)을 사용하여 가능한 매혹적인 수업을 하라. 그렇지만 이러한 탁월한 고안들 자체가 산만하게 될 수도 있다. 그렇게 되지 않도록 할 것이다.
(13) 교사인 당신 자신이 수업에 대해 가장 성실한 관심과 세심한 주의력(Closest attention)을 유지하고 그것을 보여 주라. 진정한 열심은 전염되는 것이다(True enthusiasm is contagious).
(14) 시선(The eye)과 손을 최대한 사용하는 방법을 공부해야 한다. 그럴 때 당신의 학생들이 당신의 그 진지한 시선과

손짓에 반응을 보일 것이다.

위반 사항과 잘못들(Violations and Mistakes)

24. 학습자들의 법칙에 대한 위반사항들은 대단히 많을 뿐만이 아니라 이것들은 산만하게 되는 구성요소가 되고 있다. 보다 많은 교사들이 바로 여기에서 가장 중대한 실수를 범하곤 하는 것이다. 그것들을 살펴보면,

(1) 수업시간에 학생들의 주의력을 끌어들이기도 전에 수업을 시작하거나 더 이상 주의력을 집중하지 않는데도 수업을 계속한다. 그러나 이럴 때는 차라리 학생들이 교실에 들어오기도 전에 시작하거나 혹은 다 나간 후에 계속하는 것보다 못한 것이다.

(2) 적지 않은 교사들이 학생들의 주의력이(Power of Attention) 다 고갈된 후에 그리고 그들의 주의력이 몹시 피곤하여 있을 때 들으라고 한다.

(3) 학생들의 경험이나 취향(Tastes)을 발견하려고 하며 주제에 대한 실질적인 관심을 창조해 가려는 데는 노력하지도 않으며 몹시 인색하다.

　교사 자신은 자신의 사역에 대하여 큰 관심(The great Interest)이나 자기 관심을 끌 수도 없는데 학생들로 하여금 주의를 강요하여 저들의 관심은커녕 오히려 혐오를 느끼게 한다.

(4) 적지 않은 수의 교사들(Not a few teacher's)이 학생들의 주의력이나 그들의 관심을 말살시키기도 한다. 그것은 신선한 질문이나 주제에 대한 관심을 끌게 하는 자극이나, 새롭고 재미나는 말을 하지 못하기 때문이다.

또한 어떤 교사는 자신의 사역에 대하여 늘 하는 것으로 생각하여 맥없이 가르치기도 한다. 그렇게 될 때 학생들도 자연히 즉시 똑같은 자세를 취하게 되는 것이다.

25. 우리가 학교 교실에서 가르치는데 있어서 이 법칙의 이런 저런(These and Other) 위반 사항들로 하여금 수업이 때때로 매력 없이 되고 극히 제한된 성공밖에 거둘 수 없음은 조금도 이상한 일이 아니다.

만일 퍼블릭 스쿨(public school; 상류사회 자제 등이 배우는 기숙사 제도의 대학진학 또는 공무원 양성의 사립 중·고등학교, 미국, 캐나다 등의 초·중등 공립학교 역자 주)에서도 이러한 규칙들에 지대한 중요성을 두고 순종(Obedience)하고 있을진대 출석과 가르침이 자발적인 주일학교에서의 그 법칙의 필요성은 두말할 나위가 없는 것이다.

무엇보다도 주일학교 교사는 그 어떤 교사 이상으로 가르침의 가장 풍성하고 가장 좋은 결과를 기대하면서 반드시 이 학습자의 법칙에 대하여 자신의 최대의 생각과 순종을 통해 최선을 다해야 할 것이다. 주의력을 이끌어내고 유지시키며 순수한 관심을 자아내는 기술을 터득하면 그로 인한 풍성한 열매로 기뻐하게 될 것을 의심하지 않는다.

4 언어의 법칙
The laws of the Language

1. 우리는 지금까지 교사들과 함께 그의 지식의 법칙과 학습자가 함께 그들의 관심과 주의력을 서로 대치시켰다.

이제 우리는 그들 상호간의 전달매체(Medium of communication)를 연구하고 언어의 법칙을 배우는 단계에 와 있다.

2. 두 인격은 한정된 카테고리인 실질적인 육체를 소유하고 지적인 교섭(Intellectual intercourse)을 가져오는 감정(Feeling)과 사상(Thought)의 놀라운 교제(Fine commerce) 가운데 인도되는 경우이다.

이 경우 이 세계에 있어서는 개개인의 사이에 어떤 영적인 접촉(Spiritual connections)의 관계는 알려져 있지 않다. 여기서 감각기관(Organs of Sense) 실질적인 육체 부분이며, 다만 사물과 물질 현상에 의하여서만 감동을 주고 또한 영향을 받는 것을 알 수 있게 된다. 이러한 인지할 수 있는(Phenomena) 현상들에서부터 인간들은 전달하고자 하는 어떤 사고(Ideas)를 서로에게 보낼 수 있는 상징과 기호(The Symbols and Signs)를 건설해야만 했다.

그러한 상징 혹은 기호의 체계(System) 중의 하나가 곧 언어인 것이다. 그것은 야만족의 상형문자, 문명인의 알파벳 표기체제, 농아들의 수화(手話)표기, 듣기 위한 구두언어(Oral Speech) 들이다.

그러나 그것이 어떤 것들일지라도 그것은 형태 여하에 관계없이 사람과 사람 사이의 전달매체요, 가르침의 필수적인 기구이며, 교수법의 모든 다른 요소들과 같이 그것들 자체의 법칙을(Own Law) 가지고 있는 언어인 것이다.

3. 이 법칙은 앞에서 이미 논의된 다른 법칙들이 그렇듯이 일상생활과 같은 단순한 것이다. 그것을 다만 다음과 같이 말할 수 있을 것이다. 즉 가르치는데 사용되는 언어는 교사나 학생에게 있어서 공통적인 것이어야 한다(The language used is teaching must be common to teacher and learner). 다른 말로 말해서 그것은 각자와 서로에게 똑같은 의미로서 이해되어져야 하는 것이다.

이 법칙의 철학(The Philosophy of the Law)

4. 이 언어의 법칙은 지성의 가장 깊은 사실에까지 미치고 있을 뿐만 아니라 우리가 살고 있는 세상과 생활과 관련된 가장 광활한 생각에까지 미치는 것이다.

사고의 능력(The power of thought)은 주로 언어의 이런 짜임새에 기초를 두고 있는 것이다.

5. 그것들의 가장 단순한 형태의 언어는 인위적인 기초체계이다 (A system of artificial) 그것의 각개 단어나 기호는 그것이 의미하는 사물들과 유사한 모습이 아닐지도 모르며 우리가 임의로 부여한 그것 외에는 아무런 뜻이 없을지도 모르는 것이다.

언어의 법칙 73

　말이란(A word) 그 개념을(Idea) 가진 사람과 그 말을 그것의 기호나 상징으로 터득하여 이해한 사람에게만 국한된 한 개념의 기호일 뿐이다.
　만일 우리들의 머릿속에 상(Image)이나 관념(Idea)이 없다면 그 말은 의미없는 다만 소리로써, 전혀 아무것도 아닌 기호로써만 우리의 귓전을 울려줄 뿐인 것이다.
　배우지 않은 언어를 소유한 사람은 아무도 없다(No one has more language than he has learned). 교사의 어휘력은 학생의 몇 곱절이 되지만 어린이의 생각은(Ideas) 어린이 자신의 언어(By his vocabulary)로 표현되는 것이다.
　그러므로 어린이를 이해시키려는 지혜로운 교사라면 교사 자신이 어린이의 어휘력의 범위 내로 들어와야(Come within)만 하는 것이다.
　이러한 한계 밖에서의 교사의 언어는, 의미의 결핍 또는 낯선 언어가 아는 말을 능가하는 비율에 따라 아마 곡해되는 것으로 특징지어질 것이다.

　6. 우리들의 언어 가운데서 많은 단어들이 보다 한가지 이상의 의미를 지니고 있다.
　가령, 다음 표현들을 생각해 보면 분명해질 것이다.
　정신과 물질(Mind and Matter)에 있어서 물질이 무엇인가? 그것은 물질인가? 그것은 물질의 계속일 뿐이다. 즉 물질이라는 주제는 계속될 뿐이다(우리말에 있어서 달이 가고 해가 가다; 입맛이 가다; 연탄불이 가다; 주름살이 간 얼굴 등에서 볼 수 있듯이 같은 말의 다양한 의미를 말한다; 역자 주). 똑같은 말이 여러 의미를 내포하고 있다.

이런 풍성한 단어들의 의미의 다양성(Variety)은 웅변가나 또는 시인에게 있어서는 다양하게 쓰이지만 그러나 그것은 어린 학습자들에게는 대단한 어려움을 던져주는 것이다. 어떤 생각을 표현할 말을 익힌 지 얼마 되지 않아서 그 말이 지닌 새로운 다른 의미를 접하게 되는 것이다. '나의 날들은 편지보다 빠르다'는 말을 배웠는데 경고문으로 읽을 때는 편지(Post)라는 말은 '광고문 첨부금지' (Post no bills)란 말에서 보듯이 또는 '군사우편'(Military post)란 말에서 편지(Post)가 '우편(P st)'이라는 말로 새롭게 접근되는 것이다.

교사는 그 자신의 말의 의미를 모두 이해하고 생각을 표현할 말을 문맥의 흐름에 맞추어 설정하여 설명하거나 이야기를 해 나가면서, 아마 자신의 말하는 개념이 풍부하고 멋진 의미를 지닌 언어를 구사한다고 생각하고 있을지도 모른다.

그러나 그의 학생들은 한 단어에 대해 한가지 뜻밖에 알지 못하기 때문에, 그들을 당황케 하고 혼동시키는 의미없는 소식들을 단지 듣고만 있을 뿐 이해하지 못한 채 건성으로 앉아 있을 뿐인 것이다.

그것은 만약, 우리들이 사용하는 말(Words)의 사상을 작은 어린이들이 어떻게 듣고 있는가(Call up) 우리 스스로 한번 이해할 수 있었다면 우리는 기어코 종종 즐겁고 재미나게(Amuse) 말을 사용하려 하였을 것이다.

소년, 소녀들은 "누구에게 추적당하지 않는 사악한 벼룩"(The wicked flea whom no man pursued)을 보면서 누군가를 바란다. 그리고 다른 누구에게 학교에서 많은 동료(Companions)들을 가지고 있으면서 "나에게는 귀뚜라미의 눈처럼 보여지지 않던 걸"이라고 말하는 것이다.

사고의 전달수단(The Vehicle of Thought)

7. 언어는 사고의 전달수단이라고 불리어 왔다. 그러나 언어는 마치 트럭이 많은 물건들을 빈 창고에 채우려고 운반하는 것처럼 사고를 운반(Carry)하지는 않는 것이다.

또는 언어는 전보를 수화자에게 전달하는 전보를 나르는 전선(The wires convey telegrams)처럼 사고를 운반하는 것이 아니라 오히려 똑똑 치는 신호로 전달되어온 그 메시지를 수화자가 다시 풀어써야 하는 것과 같이 하나의 사상을 전달하는 것이다. 말하는 이가 그 자신의 생각(His own mind)을 표현하는 것보다는 그러나 무엇을 듣는 이의 편에서 이해하고(Understands) 그의 정신에 재현(Reproduces)하는 것이 그 언어 사용에 있어서 전달 능력을 측정하는 것이다.

언어란 아직 가난하고 약한 어린이들과 그리고 못 배운(Untrained) 사람들에게는 보잘것없고 힘없는 말들이, 성숙하고 배운 사람들에게는 풍부하고 감동적인 많은 의미를 지닌 유창한 언어일 수도 있는 것이다. 따라서 간단한 기술이라는 말이(The simple word art) 어떤 사람에게는 '솜씨(Cratt)'를 기능공(A mechanic's)에게는 '직업(Trade)' 또는 위선자에게는 간교한 술책을 의미할 수도 있는 것이다.

또한 이것이 일류 화가에게 있어서는 인간이 다다를 수 있는 아름다움의 극치와 고금동서를 통해 불멸의 작품을 표현하는 말이기도 한데 그것은 회화, 조각, 건축술과 자연의 풍경, 하늘, 그리고 바다의 아름다움, 역사와 생명의 모든 고귀한 것, 또 한 폭의 아름다운 그림과 같은 것들 인간의 도덕적 미학적 생명 속에 숨어 있는 모든 것을 뜻한다.

성인의 말(Men's words)은 배를 소유한 선주가(Owner) 자신의 배로 방문했던 모든 해안의 풍요로운 지식을 적재한 배(Ships laden)와 같다고 할 것이다. 그런 반면 어린이의 말은 그의 짧은 경험에서 주워들은(picked up) 간단한 개념을 적재한 장난감 보트(Toy boats)에 지나지 않는 것이다.

8. 이처럼 말들(Words)은 그것들이 지닌 사상(Idea) 그 의미(Meaning)에 따라 좋아지기도 하며 불쾌감을 주기도 하는 것이다.

따라서 종교(Religion)라는 말은 많은 사람들에게 있어서 가장 성스럽고 심오한 의미를 지닌 숭고한 것이다. 그것은 죄와 슬픔(Sin and Sorrow)으로 가득 찬(filled) 인간 역사의 어두운 배경(Dark background) 위에다가 하나님의 모든 통치와 그의 속성의 모든 영광스러운 것들로, 믿음과 그 깊고 순수한 감정의 최고의 것들로, 그리고 인간의 미래가 모든 충만한 소망과 밝음의 모든 것들로 채색(Paints)하는 것이기 때문이다.

보다 세속적(Worldly)인 사람에게 있어서 종교는 자주 다소 마음에 맞지 않는 의식과 성미에 맞지 않는 의무들의 집합체를 가리키는 이름에 불과한 것이 사실이다. 무신론자에게 있어서 그것은 미신과 신조(Creeds)를 뜻하는 것이 사실처럼 보인다.

이와 같이 어느 정도의 그런 언어에 있어서 그런 의미의 차이는 우리들의 일상용어에 있어서 셀 수 없이 많다.

그러므로 언어를 지혜롭게 선택하여 학생들의 생각 속에 가장 명료하고 인상깊게 의미를 전달시키는 교사가 가장 교육을 잘하는 교사인 것이다.

9. 그 이유는 보다 더 깊은 것이다.

모든 효과적인 교육에 있어서 통하는 사고의 두 가지 방향(two

directions)이 있다. 그 하나는 교사로부터 학생에게로의 방향이고 또 하나는 학생으로부터 교사에게로의(From Pupil to Teacher) 방향인 것이다.

그것은 교사가 그 학생을 위하여 그를 충분히 이해하여야 할 필요가 있는 것처럼 어린이도 그 자신을 위하여 교사를 이해해야 하는 것이 필요한 것이다.

종종 학생이 일상적인 언어 생활에서 어떤 이상한, 거짓된, 또한 왜곡된 의미를 갖게 되면 그 잘못이 수 년 동안 교정되지 아니한 채 방치될지도 모르는 것이다. 어린이들은 종종 언어를 적절히 구사할 줄 모르기 때문에 정확한 의미와는 달리 다른 의미로 어떤 말을 사용하기도 하는 것이다.

교사는 바로 어린이가 구사하는 언어 가운데서 그 학생의 진정하고 적절한 필요가 무엇인지를 빠르게 그리고 정확하게 읽을 줄 알아야만 하는 벗이다.

사고의 도구(The Instrument of Thought)

10. 그러나 언어는 사고의 전달 수단(The Vehicle)일 뿐만 아니라 또한 도구(The Instrument)인 것이다.

말(Words)은 사고(Thought)가 그 말을 사용하여 그 느낌의 조잡하고 불분명한 덩어리들을 명확하고 정연한 개념으로 바꾸어놓게 하는 연장(tools)이다. 사고는 말로 구현된다.(Ideas become in-

그것은 언어의 형태를 취하고(take form in language) 지성적 사고(intelligible thought)의 기구(mechanism)로 정리되어 연구되고 알려질 준비를 갖춘 것이다.

사고라는 것은 바로 그와 같은 표현도구가 없이는 파악되지 않는 것이다. 마치 모호한 무언극처럼 명료하지 못하며 막연하고 매우 파악하기가 어려운 것이다.

 그것은 어린이가 이미 알고는 있지만 불완전한 지적을 충분하게 그리고 분명하게 표현할 수 있는 능력을 가질 수 있도록 도와주는 일이 가르침에 있어서 가장 중요한 기능 중에 하나라는 사실을 보여주는 사실의 근거인 것이다.

 가르침이 아닌 것은 가르쳤어도 학습자가 배운 내용을 단순하면서도 똑똑하게 말할 수 없을 때가 아닌가 싶다. 그 교육은 결코 완전한 것이 되지 못하는 것이다.

 이 말의 의미는 간단히 말하여 어린이 자신의 것이 된 말로써 설명할 수 있을 때 효과적인 교육이라 할 수 있다는 말이려니와 따라서 많은 경우에 있어서 어색하게 여겨지는 어떤 다른 사람이 이내 규정해 놓은 정의를 단지 인용하도륵 하는 것이 가르침의 참된 모습이 아니라는 것이다.

11. 우리의 그 보다 한걸음 더 나아가서의 이야기는 바로 사고(Thinking)라고 할 수 있다.

 그 이유는 나변에 있는 것이 아니라 앵무새처럼 반복적으로 말하는 것을 제외하고는 말하기에 앞서 반드시 사고를 해야 하기 때문이다.

 사실 사고에 있어서 가장 유용하고(The most useful) 때로는 가장 힘든 과정은 우리는 사상(Ideas)에 있어서 가장 적합한 말을 찾는 것이다.

 한 문제(a Problem)에 있어서 충분하고 분명한 설명이 그 문제를 해결하는 최상의 길일 때가 있다. 이것은 마치 하나의 새로운 풍경(New landscape)을 볼 때 그것이 혼동시키는 물체의 집단처럼 보이는 것처럼 사고는 우리에게 그러하다.

그와 같이 사고를 분명하고 정확한 말과 문장으로 표현하는 것은 혼동시키는 물체의 집단처럼 보이던 하나의 풍경을 이제는 친숙한 풍경으로 눈에 선명하게 익히는 것과 다를 바가 없는 것이다.

사상은 입술을 통해서 풀린다(Thoughts disentangle passing O'er the lip).

12. 우리가 진리에 정통(Master)하게 되는 것은 그것을 표현할 때이다. 또한 우리가 기뻐하는 것은 우리들의 사상을 보다 분명하게 표현했을 때인 것이다.

그러나 생각을 표현으로 전환하려면 다른 사람들의 말을 단순히 앵무새처럼 반복하는 것으로 충분하지 않다. 그것은 해서 될 일이 아닌 것이다. 독자적이고 독창적인 노력이 있어야만 하는 것이다.

그러므로 학생들은 자신의 말을 해야만 한다. 아마 교사라면 어떤 교사든지 어린 아이들이 어떤 힘든 문제를 끙끙거리며 풀다가 한 아이가 그 문제를 자기 나름대로 정리하게 되는 그 진한 투쟁으로 얻어진 승리를 지켜본 적이 있을 것이리라. 모두가 옳거니 하고 무릎을 치며 사고를 말로 나타낸 그 표현에 그 승리자는 얼마나 자랑스럽게 생각할 것인가!

크루시(Krusi)[1)]는 그의 부모에게 편지를 써야했던 그의 학생의 하나가 "하나의 편지를 써야한다는 것은 나에게 있어서는 대단히 힘든 일입니다" 라고 투덜댔던 이야기를 한 적이 있다. "왜! 이 사람아, 학생은 한 살을 더 먹었으면 그 편지도 더욱 더 잘 써야 하지 않은가?" "그렇긴 합니다. 일 년 전만 해도 제가 알고 있는 모든 것을 말할 수 있었는데 그렇지만 지금은 제가 말할 수 있는 것 이상

---

1) 헤르만 크루시(Herman Krusi)는 스위스의 위대한 교육가이며 교육 개혁자인 페스탈로치(Pestalozzi : 1746-1827)의 친구이며 동역자이다.

의 것을 알고 있습니다."

후에 Krusi는 학생의 이 대답에 대하여 "깜짝 놀랐다"고 술회하였는데 이것은 우리 사고들을 표현하는 언어의 충분한 구사력을 갖기가 힘들다는 것을 전혀 생각도 해 보지 못한 우리 모두를 경악하게 한 것이다.

13. 언어는 또 다른 용도를 갖고 있다. 그것은 곧 우리들의 지식의 창고(Storehouse knowledge)이다.

우리가 알고 있는 것에 대한 모든 것은 그것과 관계가 있는 말들 속에 축적 보관되어 있는 것이다. 이러한 말들은 우리들의 사고(Ideas)의 기호(Signs)일 뿐만 아니다. 그러나 그것들은 그런 사고들을 우리가 마음대로 발견하고 인식하는 실마리가 되는 것이기도 하다. 또 이런 말들의 여러 가지 파생적 형태와 조합들로 우리는 간단한 말의 기호로 표시되는 개념의 의미 변화와 관계들을 축적하는 것이다.

행동에 관한 한 그룹의 말들: 행동하다, 행동했다, 행동하고 있는 행동파, 행동, 행동적, 행동적으로, 행동하게 하다, 행동주의, 행동반경 등: 이러한 행동형의 말의 그룹은 곧 사람, 움직임, 관계, 질 등의 여러 사실을 암시하는 것이다.

14. 그렇다고 하면 그 어린이의 언어는 그의 성취 정도의 측정일 뿐만 아니다. 그러나 그의 지식의 구체적인 표현으로 간주될 수 있는 것이다.

어느 때에든지 우리가 우리들의 가르침에 있어서 학생들의 언어를 써서 가르칠 때 우리는 그들이 습득한 경험을 보조제로 쓸 수 있는 것이다.

새로운 말을 배우는 것은 새로운 물체에다 이름을 붙이고 또는 새로운 개념을 상징할 때에 필요한 것이기 때문이다. 그러나 만약 그 새로운 개념에 앞서서 그것에 대하여 다른 말로 설명하고, 그 기호를 말로 쓰기 전에 그것을 나타내는 말을 미리 배워두는 배려를 하면 어린이들의 깨달음에 어두운 그림자를 드리우게 하기보다는 그것을 인도하고 밝게 비춰주는 것이 되는 것이다.

물체에 대한 언어(The language of objects)

15. 언어만이 사상 또는 생각을 말로 표현하는 전달매체만은 아니다. 생각을 표현하는 방법에는 많은 것이 있다. 눈, 머리, 손, 발, 어깨 등은 가장 이해하기 쉬운(Intelligible) 방법으로서 언어를 구사할 때 자주 사용되고 있는 것들이다.

야만인종들 가운데서는 모든 의사를 언어로 충분히 표현하기가 어려운 것이 사실이다. 그러므로 그 야만인종들 가운데서는 상징적인 행동이 곧 언어를 대신하기도 한다. 상징적인 그들의 행동은 곧 언어를 대신하여 사용되는 하나의 도구가 되기도 하는 것이다. 사실 어떤 사람들의 몸짓으로 표현하는 언어는 종종 다른 이들의 말보다 더 많은 것을 전달해 준다.

그림에도 역시 말이 있다. 이것은 앞서 말한 것의 좋은 예가 될 것이다. 칠판 그림에서 모든 예술적 작품에 이르기까지 그림에 의한 가르침의 표현은 참으로 신속하고 감동적이며 묵시적인 언어임에 틀림없다.

16. 마지막으로 자연도 말을 한다 ········· 참으로 자연은 여러 가지 형태의 다양한 언어를 구사한다. 헤아릴 수 없이 수많은(Innumerable) 자연의 형태가 항상 효과적인 예화로써 준비되어 있다. 뿐

만 아니라 자연의 유추는(Analogies) 많은 심오한 문제들에 대하여 보다 밝은 빛을 던져 주는 것이다.

예수님께서 그가 지으신 자연으로부터 인용해 들인 예수님의 비유들(Parables of Jesus)이야말로 가장 좋은 본받을만한 가르침이 아닐 수 없다.

예수님은 그의 가르침에 있어서 자연으로부터 수많은 비유들을 끌어들여 사용하셨던 것이다.

17. 언어는 인간에게 준 하나님의 또 하나의 선물로서 사람이 만든 그 언어는 교사와 학생 사이의 의사소통에 있어서 가장 중요한 의미의 매개체임에 틀림이 없다.

그러나 지혜로운 교사는 아무도 학생들의 마음을 압도해 들어가는 이 여러 가지 다양한 의미들(various means)과 방법들의 도움보다 결코 앞질러 가지 않을 것이다.

언어 그 자체는 대단히 좋은 것이다. 그러나 그 자체는 기껏해야 생각을 표현하는 불완전한 매체(An imperfect medium)에 지나지 않는 것이다.

그러므로 아무도 언어만으로는 효과적이 되지 못함을 깨닫고 자신을 이해시키기 위해서 사용 가능한 예화는 어떠한 것도 가려서는 안된다는 것을 경험한 교사보다 이 사실을 더욱 잘 아는 사람도 없을 것이다.

18. 언어에 대한 이러한 고찰이 교사가 그의 반 학생들 앞에서 강사(Lectures)가 되라는 것으로 배석해서는 안될 것이다.

강의는 그 위치에서만은 유용하다. 그러나 그것은 그 어린이들을 위한 한 학교 교실에서의 그 위치는 매우 적은 것일 뿐이다.

너무 말을 많이 하는 그러한 교사는 곧 훌륭한 교사가 되지 못한 다는 사실이 다른 장에서 자세하게 밝혀질 것이다.

그렇지만 언어에 대한 적확한 지식(An accurate knowledge)은 대단히 유익하다. 누구든지 적게 이야기하는 사람들은 물론 적확하게 말해야 하지만, 그 말을 매개체로 가르치고자 하는 사람들은 말 그 자체에 대하여 보다 적확하게 이해해야 한다.

교사를 위한 규칙(Rules of Teachers)

19. 이상에서 지금까지 정의하고 또한 설명된 언어의 법칙에서 교육의 가장 유용한 규칙들을 요약하여 정리해 낼 수 있다.

이제 그것을 살펴보면 —

(1) 학생들의 언어에 대하여 주의깊은 연구가 계속되어야 할 것이다. 그들이 사용하는 말이 무엇인가 배우고 학생들의 말에 그들 자신이 주는 의미가 무엇인가 하는 연구는 지속적으로 사려깊게 이루어져야 한다.

(2) 가능한대로 그들의 언어를 정확히 습득해야 하는 그 중요한 이유 때문에도 그들의 사상과 표현방식을 배워서 그 말하는 제목에 대한 지식을 교정해 주기 위해서이다. 그러기 위해서 교사는 그들의 말을 정확하게 습득하고 이해하여 해석해 내야 하는 것이다.

(3) 할 수 있는 한 당신 자신을 말로 표현할 때 당신의 학생들의 언어로 표현하는 것까지를 당신의 말을 듣는 그들이 그 의미를 잘못 전달받아 오해가 생기지 않도록 주의할 것이다.

(4) 당신이 전달하는 의미의 뜻을 말함에 있어서 할 수 있는 한 단순하고 적은 말로 표현하여라.

어린이들을 피곤하게 하고 오해를 불러일으키는 가능성이 높은 것은 바로 불필요한 말이다. 불필요한 말을 길게 늘어놓는 것은 피곤과 오해를 가져오므로 아니 말한 것만 못한 것이다.
(5) 당신이 사용할 것은 간결하면서도 단순한 문체의 글이다. 긴 문장(Long sentence)은 집중하기 어렵고 어린이를 종종 혼란에 빠지게 하기 때문이다.
(6) 만일 학생이 전혀 이해하기를 실패하였을 때 다른 말로 당신의 사상을 충분히 설명하라. 가능하다면 더 단순한 말로 설명하라.
(7) 보기를 들어 보다 단순하고 적확한 말로 그 의미를 설명하여 이해를 도우라. 자연의 사물 및 그림들은 좋은 보기의 재료들이다. 그것들은 어린이들에게 적합하다.
　　　가능한 한 언제나 어린이들의 경험을 토대로 한 예를 들어라.
(8) 언제든지 새로운 말을 가르칠 필요가 있을 때는 그 말에 앞서 그 사상의 설명을 미리하라.
　　　이것은 어린이들 자신의 아주 밀접한 경험과 단순한 예를 들어 더 잘 설명할 수 있다.
(9) 학생들의 어휘수(The number of The pupil's words)를 늘려 주기를 힘쓰며 동시에 그 어휘의 의미를 단순 명료하게 이해하도록 이끌어 주라.
　　　어린이의 어휘력의 진정한 확보는 그의 지식과 힘의 증진을 뜻한다.
(10) 언어의 습득은 교육과정(Process of education)의 중요한 목표들 가운데 하나이다.

그러므로 당신의 학생들이 대단히 긴 시간을 조용하게 아무리 열심히 듣더라도 결코 한 번에 오랫동안 잠자코 듣게만 하지 말라. 자유로이 이야기하게 격려하여 주라.
(11) 결코 여기서도 천천히 서둘러야 한다.
　　어린이들 교육에 있어서는 언제 어디서나 마찬가지인 것처럼 성급한 주입은 바람직한 방법이 아니다. 어린이가 다른 말을 습득하기 전에 단어 하나 하나를 보다 철저하게 배워가야 하는 것이다.
(12) 학생들이 사용하고 있는 어휘의 정확한 이해를 위하여, 또한 그 어휘의 의미에 대하여 부정확한 이해에 얽매이지 않도록 하기 위하여, 그리고 그 진실한 의미를 명확하게 (Vividly) 파악하고 볼 수 있게 하기 위하여 종종 테스트 (Test)를 하는 것이 좋다.

위반사항 및 잘못들(Mistakes and Violations)

20. 가르침의 이 셋째 법칙은 보다 훌륭한 교사들이 의아해 하는(Suspect) 그 이상으로 잦은 과오를 저지른다.
(1) 학생들의 흥미있게 바라보는 그 표정은 종종 교사로 하여금 교사 자신이 사용하는 그 언어가 학생들에게 충분히 이해되었다는 확신을 갖게 하는 착각에 빠지게 할 때가 있다.
　　게다가 학생 자신도 모르게 그것을 이해하였다고 생각하지만 그러나 실제로는 그 의미를 어설프게 깨달은 그러한 것에 지나지 않을 수가 너무나 많다.
(2) 어린이들은 교사의 태도(Manner)에 깊은 관심을 갖고 경청하는 것 같지만 사실은 교사의 눈, 입술, 행동만을 주시

할 때가 있다.

이때에 학생들은 단지 교사를 기쁘게 해 주어서 그의 칭찬을 들으려고 이해한다고 대답할 때도 있다.

(3) 언어의 잘못된 구사(The misuse of language)는 가르칠 때 자주 있는 과오(Common faults)중에 하나이다.

교사가 어린이들에게 자신의 무식함이나 나태함을 변명을 통해서 모면해 보려고 하는 때 더욱 자주 일어나는 언어 구사의 잘못을 가져온다는 사실은 말할 것도 없고 또 가르치는 것보다는 자신의 지혜를 과시하는데 더 관심이 있는 교사들은 제외시켜 놓고서라도 아직도 많은 교사들이 솔직하고 정성껏 교과를 분명히 가르치면 학생들의 상태에 관계없이 모든 할 일을 다했다고 생각하는 교사들은 분명히 언어를 구사하는데 실패했다는 사실을 꿈에도 생각하고 있지 않을 것이다.

만약 어린이가 이해하지 못했다면 그것은 어린이들이 고의적으로 듣지 않으려고 했거나 가능성이 없는 우둔함, 이 둘 중에 하나일 것이라고 단정을 내리는 교사들은 그 잘못을 자신에게서 찾으려 하지 않으려 한다. 자신이 학생들에게 이해하지 못할 언어를 사용했거나 아니면 어린이들이 잘못 깨닫게 될 언어를 사용했다고는 꿈에도 생각하고 있지 않는 것이다.

(4) 소통을 방해하는 것은 단 한 마디의 생소하거나 또는 잘못 이해한 술어(Misunderstood term)일 수 있다. 그러나 그것은 교사에게 있어서 그 교사의 눈에는 그 막힌 곳이나 연결을 이어줄 기회가 주어지지 않는 것이다.

어린이들이 소통을 막는 그 요소들을 항상 설명해 달라

고 요청하지 않는 것은 종종 교사를 무서워한다거나 그래서 용기를 잃어버릴 때이니 또한 자신이 모른다는 사실을 부끄러워하고 그 사실이 다른 사람에게 알려지는 사실을 불쾌하게 여기기 때문이다.

또는 생소한 언어를 이해하려고 전혀 주의도 하지 않았을 때 생기기 쉬운 우둔함이나 심각한 부주의로 그러할 수 있다.

(5) 천성적으로(Naturally) 단순한 언어를 사용하는 교사들까지라도 가르치는 이러한 수단을 보다 높은 차원에서의 사용을 그들의 어떤 학급에서는 간혹 실수를 저지른다.

그들은 어린이들이 배울 것을 다시 뚜렷하게 표현하는가(Clear statement)를 확인하려는 수고를 하지 않으므로, 가르치는데 성공했는지의 여부를 알지 못한다. 어린이들의 단어 실력도 향상되지 못한 채로 그대로 있음에도 그러하다.

(6) 생각밖에 보다 많은 교사들이 언어의 놀라운 특징과 복잡성을 제대로 이해하지 못하고 있다. 아마도 그들은 현대사회가 말이 없이는 거의 존재가 위태롭다는 사실을 이해하는 일을 보류하고 있는 듯한 인상이다.

많은 사람들이 제한된 작은 단어를 구사한다는 사실은 명백하다. 그러나 단어에 대한 짧은 지식은 문맹 퇴치에 있어서 가장 커다란 장애물 중의 하나님이 어떤 조사에 의하여 발견된 일이 있다.

영국 의회의 한 위원회가 영국의 석탄 광부들과 기타 노동자들을 대상으로 팜플렛(Pamphlet)과 소책자를 통하여 그들에게 유용한 지식을, 심지어 가능성 여부를 타진

하려는 목적하에 파견되었던 적이 있었는데, 조사 대상자 중 대다수가 그러한 교육을 받기에는 너무나 단어 실력이 딸림이 밝혀졌던 것이다.

그러므로 그보다 좁은 범위의 더 제한된 경험밖에 갖지 못한 어린이들에게 있어서는 더 말할 나위도 없다.

만일 우리가 어린이들을 제대로 가르치려는 생각을 갖고 있다면 우리들은 어린이들과 우리 교사들간의 소통의 통로를 넓히고 깊이있게 해야 함은 절대 필요한 일이다.

(7) 학교에서 배운 많은 내용은 어린이의 일상 생활과 그리고 그들이 늘 쓰는 언어와 무관한 것들이다.

그리고 모든 과학들은 그것들 자체의 독특한 언어를 갖고 있다. 과학뿐만이 아니다. 어느 학문이든지 그것은 습득하려면 그 용어를 익혀야만 하는 것이다.

주일학교 교사들은 여기에 그의 문제점이 있음을 깨달아야 한다. 보다 많은 경우에 있어서 종교적인 사실과 진리가 잘못 이해되어 사용됨으로써 훨씬 깊게 왜곡될 수 있다.

특별히 성경학교(The schools of Bible learning)의 어린이를 가르치는 교사들은 말을 분명히 하고 적확한 언어를 사용해야 하며 그 표현 양식에 있어서 결코 단순해야 한다는 중심있는 경고를 깨달음이 당연한 것이다.

5 수업의 법칙
The Law of the Lesson

1. 처음 세 법칙은 교사와 학생간의 언어 그 둘 사이의 전달 매체에 관하여 다루었다. 넷째 법칙은 수업의 핵심으로 우리를 데려다 줄 것이다.

이제 우리는 익혀야 할 과정, 풀어야 할 문제인 교수법을 다루어야 하는 단계에 와 있다.

교사는 바로 이곳에서 인류가 기록한 경험들을 학생들에게 전해야 하는 방법을 이해할 수 있을 것이다. 이 인류의 결정화 된 경험을 전달하는 방법은 그들 학생들의 생활 가운데 활동적 힘이 될 원칙을 불어 넣어주는 것이어야 하는 것이다. 또한 동시에 그들이 연구하거나 더 공부할 때의 도구를 제공해 주는 것이어야 한다.

이것이 그 어떤 것보다 성장하는데 있어서나 결실에서뿐만 아니라 바로 교사의 역할의 하나는 조건과 도구의 핵심이 되는 것이다.

2. 바로 이것이 우리들이 지금부터 도출해 내고자 하는 수업의 법칙이다.

이것을 연구하는 것으로부터 보다 동떨어진 것이므로 지나치려

하는 것이 있다. 그것은 한 어린 아이가 그의 주위의 세계에 관하여 최초로 개념을 주어 그것들을 획득할 수 있는 그 정신적인 단계에 미치지 못했기 때문에 여기서는 취급을 하지 않으려는 것이고, 우리는 보다 친근하고 오래된 것의 도움으로 새 것을 배우는 우리들의 학생들에 대하여 보다 분명한 단계로 곧 바로 들어갈 수 있을 것이다. 사실 새롭고 알 수 없는 미지의 것은 오직 익숙하고도 잘 알려진 것으로만 설명이 가능한 것이다.[1]

이것이 그러할진대 수업의 법칙이란 다음과 같이 말할 수 있을 것이다. "보다 새로 배워야 할 진리는 이미 알고 있는 진리를 통하여 배워진다"[2]

3. 이 법칙은 앞에서 본 다른 법칙들처럼 그렇게 단순하거나 명확하지는 않다. 그러나 그것은 그렇다고 하여 전혀 확실하지 않은 것도 아니며 오히려 그 반면에 그 범위는 더 광범하고 그 관계는 아마도 보다 더욱 중요할 것이다.

이 법칙의 철학(The philosophy of the Law)

4. 무엇보다도 이 수업의 법칙은 인간 정신의 본성과 인간 지식의 본성에서 그 이유를 찾을 수 있을 것이다.

5. 모든 가르침은 그 주제 또는 그 과의 어떤 중심에서부터 시작되어야 한다. 만약 그 주제가 아주 새로운 것일 때 그 새로운 사실에 대하여 보다 친숙하고 잘 알려진 새로운 어떤 것과 비교하여 그 유사성을 보여 주어 그것에 친숙하게 하는 것으로부터 이해의 중심

---

1) Unknown can be explained only by the familiar and the known.
2) The truth to be taught must be learned through truth already known.

을 찾아야 할 것이다.

다시 말하면 한 개인의 성장을 가져오는 여러 가지 것들 가운데서 익숙한 경험같은 것과 필적할만한 어떤 것을 능숙하게 이야기하는 자가 알게 하려고 몸부림치고, 그의 이야기를 진행하기에 앞서 어떤 것을 이해하기 위하여 그 이해하지 못하는 것과 어떤 유사한 것을 찾아서 그 주제 또는 그 과를 시작하는 출발점으로 삼을 것이다. 이 출발점을 찾지 못하는 한 계속하여 나아가는 것은 대단한 낭비일 뿐이고 그것은 아무런 유익도 가져다 주지 못한다. 마치 그것은 당신이 어느 지점에 있는지도 알려 주지도 않고, 캄캄한데서 그가 당신을 좇아 미로를 따라오게 하는 것과 다를 바가 없는 것이다.

성인들에게 있어서도 이러한 도움이 필요로 할진대 하물며 어린 이에게 있어서야 더 말할 필요도 없이 그런 도움이 없이도 스스로 할 것을 기대하는 것은 불가능한 일임을 이해하는 것은 보다 자연스러운 일인 것이다.

종종 학생들은 그 과를 단순하게 말하는 것도 이해하지 못하는 그들의 무능력을 드러내어 "나는 도대체 선생님이 무엇을 말하였는지 이해가 안 간단 말이야"하고 그들이 수업을 이해하지 못했음을 말할 때에도 역시 그것은 교사의 책임이 큰 것임을 분명히 알아야 할 것이다.

6. 모든 가르침은 어떤 방향으로 진행되어야 한다.

그것의 가장 적절한 진행 방향은 새로운 경험의 습득을 향한 것이어야 하는 것이다. 무엇을 다시 가르치는 것은 곧 이미 습득하고 이해한 것을 재차 가르치는 행위는 지식을 더 얻고자 하는 학생들의 열망을 가로막는 것이다. 뿐만 아니라 그것은 새로운 면들을 열망하며 새로운 분야를 정복하도록 인도하는 대신 답습을 하도록 강요하여 주의력을 사장시키는 행위인 것이다.

다시 생각할 것은 철저해야 한다는 당위성 때문에 알고 있는 분야를 너무 오래 계속해서 학생들로 공부하게 하는 것은 크나큰 잘못이라는 사실이다. 아무리 오래된 광산이라도 만약 당신이 그 광산으로부터 무엇을 더 얻기를 원한다면 보다 더 깊은 곳에서 광맥을 발견할 것이고 발견하면 다시 채굴이 가능한 것처럼 오래된 과에서의 오래된 교훈들도 그것들을 새롭게 사용할 수 있기는 한 것이다. 그러나 이 점에 있어서 나중에 다룰 복습의 법칙과는 상반하지 않음을 미리 염두에 두어 이해하여 둠이 필요한 것이다.

7. 배움은 단계를 거쳐 나아가야 한다. 이러한 단계들은 한가지 사실이나 또는 다른 사실과 개념에 연결짓는 것들이어야 한다. 단순하고 구체적인 것들을 자연적이고 추상적인 것들로 이끌어가며 전체를 결론으로 이끌어 가듯, 또 자연현상들에 대한 이해가 법칙으로 이끌어 주듯이 거쳐 나아가야 하는 단계는 바로 그러해야 하는 것이다.

매년 언제나 새로운 개념이 그 어린이의 지식의 일부가 되어지고 인류의 경험을 그의 지식의 소양으로서 그 일부를 체험하게 되어 어떤 새로운 발전의 출발점이 되는 것이다. 그것은 그에 앞서 소유한 지식에 그 나름의 빛을 던져주며 그 다음의 발견을 위한 보다 나은 빛을 더하여 준다.

그러나 다음 단계를 밟기 전에 매 단계를 충실하게 익혀야 한다. 만일 그렇지 못하게 될 때 학생들은 적당한 준비가 없는 채 미지의 분야로 넘어가는 불안한 자신들을 발견하게 될 것이다. 여기에 무엇보다도 철저함에 대한 필요성이 강하게 요청된다. 어린이들의 이해가 가능한 범위내에 있는 한에는 수업의 모든 것은 충분히 이해하고 넘어가야 하는 것이다. 이런 류의 철저함은 진정한 가르침에 있어서 없어서는 안되는 필요한 요건이다. 불완전한 이해는 그 모든 과정에서 요점을 흐리게 한다. 전체를 모호하게 만드는 것이다.

한 교훈을 충분하게 배운 학생은 누구든지 다음 수업의 전반적인 것을 이미 알고 있으므로 여기에서 보다 잘 배운 학급은 항상 다음 단계에 대한 열정이 있게 마련인 것이다.

페스탈로치(Pestalozzi)는 이렇게 말하였다. "이미 알려진 사실에다 덧붙이는 것은 쉽다(It is easy to add to what is already discovered)."

이 말은 수업에 대한 어떤 의미를 우리에게 더하여 주는 것일까?

8. 그러나 이 법칙의 철학은 아직도 여전히 더 깊이 탐구해야 할 여지를 갖고 있다. 더 캐내야 하는 여지가 남아 있는 것이다.

기억되어야 하는 그 사실은 지식이란 단순한 개개의 독립된 사실들로만 되어 있는 단단한 덩어리가 아니라는 것이다. 그것은 지식이란 법칙과 그리고 관계를 가지고 있는 사실들의 형태로 결정화되고 조직된 인류의 경험들로 구성되어 있기 때문이다. 사실들이란 이런 저런 형태의 유사성으로 결합된 계통들로 서로 서로 연결되어져 있다. 그러면서 각각의 사실들은 또 다른 사실들로 인도하며 그것을 설명한다. 또한 옛것은 새로운 면을 보여주며 새로운 것은 다시 옛것을 확증하고 교정하여 준다.

9. 이것 모두는 보다 완숙하고 더욱 성숙한 지식에 해당된다. 뿐만이 아니라 어린이의 제한된 지식과 경험에도 똑같이 적절한 것이다. 새로운 요소의 지식은 그 자체로 충분한 설명이 되며 학생의

경험 반경을 넓히기 이전에 이미 알고 있는 다른 사실들과 진리와 연관을 갖는 것이어야 한다. 그렇게 해서 그 자체가 우리로 하여금 옛 것의 도움으로 새 것을 추구하도록 하여야 한다.

10. 안다는 행위는 다른 한면으로는 비교하고 판단하는 행위이다.—이미 지나간 경험 가운데서 새로운 경험을 의미있게 만들고 또 그것을 설명하여 줄 무엇을 발견하는 행위가 곧 안다는 행위이다.

만일 우리의 한 친구가 어떤 경험이나 모험을 이야기할 때 우리는 우리들 자신의 경험 가운데서 그 친구가 이야기하는 그 경험이나 모험과 비슷한 경험을 비교해 가면서 그 친구의 이야기를 듣는다. 만약 그때에 그 친구가 우리가 경험한 어떤 것과 전혀 동떨어진 무슨 이야기를 꺼내어 하기 시작하면 우리는 우리들의 생각의 중심과 관련지을 수 있는 보다 확실한 사람들과 보다 구체적인 설명을 달라고 요청할 것이다.

만일 어린이들이 어떤 새롭고 전혀 아주 생소한 이야기를 듣게 될 경우 그들이 즉시 그들 자신들의 경험과 새로운 생각들을 연관지으려는 시도를 결코 포기하여 버리지만 않는다면 그들 스스로가 이해하려고 애쓰다가 결국은 보다 더 구체적인 설명이나 이해를 위한 어떤 힌트를 구하게 될 것이다.

이런 저런 것을 직유처럼 말하는 것이나 은유, 또는 비유들과 같은 비유적 표현들은 보다 새로운 진리들을 오래되고 흔히 잘 알려진 광경들과 그리고 사물들 및 경험들과 관련지어야 될 필요에 의하여 시작된 것들이다. 이러한 것들은 이미 알고 있는 사실들을 통해서 미지의 사실의 이해에 도달하려고 하는 여러 가지 시도에 지나지 않는 것들이다.—그것들은 이미 익숙한 사실들을 통해서 보다 생소한 것에 서광을 비추어 주려는 시도이다.

11. 그러므로 설명이라는 것은 대체적으로 새로운 물질의 본성을 분명하게 만들어 주기 위하여 이미 이해하고 있는 사실들과 원리들을 인용하고 사용하는 것을 말한다.

그런 까닭에 미지의 사실들은 미지로서 설명되지 않는다. 따라서 미지의 사실은 다른 미지의 사실들을 알고 있는 그 지식으로 새로운 사실이나 법칙을 설명할 수 있어야 하는 것이다. 만약 그러하지 못할 때 이런 것들의 설명은 뒤로 미루어져야 한다. 어린 아이들의 질문에 대답이 궁해서 쩔쩔매고 당황해 하는 거의 모든 경우는 거의 모두 그 질문 자체의 난이함에 있는 것이 아니고, 그 보다는 오히려 어린이들 편에서 설명할 필요한 지식이 결여되었기 때문이다.

말하자면 한 소녀의 별들에 관한 질문들에 대하여 보다 충분한 대답을 하려면 당신은 먼저 보다 더 우선적으로 그를 천문학에 대하여 어느 정도를 가르쳐 주어야 한다.

젊은이 가운데 누가 대규모의 도시를 본 일이 없는데 런던이나 또는 뉴욕에 대하여 충분하게 묘사하고 혹시 이해했다고 할지라도 그러나 그가 자기가 살고 있는 집에만 틀어 박혀 있을 때 어느 한 사람 누구의 경험을 통하지 않는다면 도시의 거리와 건물들로 꽉 들어선 거리, 숨가쁘게 파노라마처럼 돌아가는 도시생활의 광경을 좀처럼 이해하기 힘들 것이다.

12. 새로운 지식에 대하여 설명할 바로 그 언어는 이미 알고 있어야 한다. 그 의미는 무엇으로부터 말미암았는가. 그 말에 대하여 익숙해져 있어야 할 뿐 아니라 매우 친밀한 의미를 지닌 것이어야 한다.

아무런 지식이 없는 아이로서는 달리 할 말도 없을 것이다. 왜냐하면 말이란 알고 있는 사실에 대한 표현이기 때문이다.

유럽을 여행하는 미국인이 깨끗한 목소리로 천천히 또박또박 띄어 발음하여 말한다면 그 외국사람들이라 할지라도 자기의 말을 알아들을 수 있으리라고 일시적으로 착각할 지도 모른다. 그러나 그 성공의 여부는 그의 생각이 아니라 듣는 사람이 얼마만큼이나 그의 말의 의미나 말을 알고 있으며 미국말을 들을 수 있느냐에 따라서 측정될 것임은 틀림이 없는 일이다.

만약 자국어 밖에 하지 못하는 그들 외국인들이 그들 자신의 언어에만 친숙해 있다면 그의 말은 전혀 다른 이에게 있어서 의미가 없는 말이 되고 말 것임은 자명한 일이다.

13. 이와 유사한 것으로 학생들에 대한 교사의 큰 실책을 들 수 있다. 말하자면 교사가 학생들이 이미 알고 있는 지식을 전혀 사용하지 아니하고 자기 자신의 태도에 진지함만 가지고 학생들이 이해하기를 기대하는 일이나, 또한 자신에게만 익숙하고 정선된 단어로 자신의 생각을 전달하여 학생들이 이해하여 주기를 기대하는 일들은 교사들의 큰 실책이 아닐 수 없다.

14. 사람들은 새로운 사실들이나 또는 원리들을 그들에게 있어서 보다 친숙한 것들과 가장 분명하게 이해하기 쉽고 낯익은 것들만을 통하여 이해하려 한다.

각 사람들은 그의 종사하는 직업에서 실례를 찾으려 한다. 군인은 그들의 병영과 참호로부터, 상인은 그의 경영하는 가게와 시장 경기의 추세에서, 그리고 선원들은 그의 승선한 배와 바다에서, 기능공들과 장인들은 그들의 솜씨로부터 찾으려 하는 것이다.

공부에서도 마치 한가지로 각각 학생들은 그들 자신의 경험과 관련된 성질들 가운데서 찾으려 한다. 화학자에게는 보통 소금이 두 성분의 원소의 화합물인 염화나트륨이고, 그러나 요리사에게 있어서는 그것이 음식의 간을 맞출 때 또는 식료품을 조절할 때 요긴하게 사용하는 물질일 뿐이다. 각 사람은 생각하기를 그 자신에게 보다 익숙한 관점에서 하게 될 뿐만이 아니라 이것을 소금과 관련된 그밖에 다른 어떤 것을 설명할 때도 이러한 면으로 사용할 것이다. 새로운 식물을 발견함에 있어서도 식물학자가 그 식물 이름을 알아내는 데에는 이미 기존하는 식물 가운데 이와 유사한 것들과 비교하여 그것들의 '식물학상의 분류순서'를 생각하고, 농부는 그것들의 용도에 더 관심이 있을 것이다. 그리고 화가는 그 식물들의 아름다움에 보다 더 깊은 관심을 갖게 될 것이다.

이러하듯 그 기호의 취향이 서로 다름은 다른 것들에 대한 그것의 구체적인 관심을 집중하는 일이나 보다 새로운 진리들을 캐내는 안목은 닫히게 되며 다른 것들에 대하여는 편견에 사로잡히게 하는 한 요소가 되는 것이다. 그러나 학구적인 면으로 볼 때는 그것은 장점 가운데 하나의 중요한 요소가 되는 것이다.

15. 보다 확실하게 이해하지 못한 어떤 사실 또는 원리는 새로운 경험을 해석함에 있어서 좀처럼 사용되지 아니하고 오히려 그것들을 꺼리게 된다. 어쩌다 그것을 사용하게 된다 하여도 거의 대부분 잘못 사용되기 일쑤이다. 또 그렇게 사용되었을 때는 오히려 새로운 개념들이나 판단에 모호함과 불완전함만을 가져다 줄 뿐이다.

과거에 배운 내용이 보다 확실하지 않을 때 그것들은 오히려 오늘 현재 배우는 내용에 그림자만을 더하여 주게 된다. 그러나 그와 반면에 보다 철저히 완벽하게 배운 것들은 오히려 다음에 배울 내용에 하나의 성공적인 큰 빛을 밝혀 준다.
 그러므로 학생들이 자신감을 갖고 힘있게 잘 구축된 진지로부터 새로운 정복지들을 향하여 나갈 수 있는 정복된 지역 즉 다시 말해서 몸에 밴 생활 용어를 어느 주제의 기초적인 부분들로 만드는 유능한 교사의 역할은 두말 할 필요도 없이 귀한 것이다.

16. 그러나 그것은 정통하여 완전히 갖추어진 것이나 모든 유사한 것을 통한 연수에 대하여 보다 현저한 이해가 되지 않으면 안된다. 그러나 완전한 이해란 실제로는 상대적으로 관계되어 있는 것임을 주의하여야 한다. 어떤 사람의 능력이나 지식이라도 완전하지는 못하며 더더욱 어린이들에게 있어서는 그 받아들이는 정도는 어른들과 비교하여 완전과는 너무나 동떨어지는 것이 분명하다. 그리고 그들이 학교에서 배운 것을 다시 기억하고 있는 그러한 학생들의 차이도 대단히 넓다는 것을 이해하고 있어야만 한다. 어떤 어린이들에게는 분명하게 이해되어지는 아주 쉬운 것들이 또 다른 어린이들에게는 막연하게 암시적일 수 있는 것이다.
 만약 교사가 학생들에게 그 배운 것에 관하여 말하여 보게 할 때 이미 언어의 법칙을 토의할 때 제안한 것처럼 이런 것들의 어떤 차이점들이 드러나게 될 것이며, 그때 또 이런 차이점의 문제를 해결하여 그들에게 다시 가르칠 적절한 수단이 강구될 수 있을 것이다.

17. 우리들이 교수법에 관한 토의를 할 때에 문제를 풀 때 적용하는 사고 과정의 성질에 관한 언급을 빠뜨리고서는 결코 완전한 토의라고 할 수는 없는 것이다. 그것은 매우 불완전한 토의가 되는 것이다.
 그러한 점에서 여기 '문제(Problem)'란 말은 교사에게 있어서는 매우 친밀한 말이다. 학교에서 말하는 문제와 숙제는 언제나 교사와 붙어 다닌다.

그러나 다소 다른 관점에서 그 문제를 생각해 보자. 지금 우리는 '수업과 그 법칙들'에 대해서 말하고 있다. 수업 내용을 배우는 과정을 사고를 적용하는 과정으로, 다시 말하면 학생이 하나의 실제 상황에 봉착해서 그의 사고의 능력을 적용하여야 풀 수 있는 그런 과정으로 생각해 보자는 것이다.

그럴 때 과연 그 학생은 어떤 방식으로 생각을 전개해야 할 것인가?

18. 우리들의 오래 된 관념 가운데 학생들에 대하여 크게 잘못된 것이 있다. 그것은 우리들 학교에서의 학생들은 아직 어릴 뿐만 아니라 미숙하다. 그러기 때문에 그들은 실제로 생각할 수 있는 능력이 없다고 속단해 버리는 그런 판정 말이다.

또한 종종 교사들은 믿기를 학생들 그들이 하나의 상징적인 방법 속에서만 사고할 뿐. 다시 말하면 학생 그들이 할 일이 있다면 학생들 스스로 독자적인 사고를 하기보다는 교사들이 바라는 것만 하는 것이라고 믿고 있는 것이며 인위적인 상황에만 그들은 반응을 나타낼 뿐이라고 믿고 있는 것이다.

그러나 이것은 반드시 그런 것은 아니다. 또 실제적으로 어떤 경우에는 그렇다 하더라도 사실 그 잘못은 그들 학생들에게 있다 하기보다는 오히려 교사 그들 자신에게 있기가 매우 쉽다.

사실, 사고력은 어린이에게 있어서 타고난 지적 기능의 본질이다. 그것도 다른 것처럼 점점 발전하여 간다. 어린이가 바로 이 능력을 사용하는 경우는 그것이 아무리 단순한 것일지라도 그것은 다른 것 못지 아니하게 보다 실제적인 사용인 것이다. 어린이와 어른들의 사고의 차이는 곧 정도의 차이이다.

19. 만약 우리가 학생들로 하여금 실제적인 문제들을 해결하는 실제적으로 사고하는 일을 배우도록 만들려고 한다면 우리는 먼저 이 사고하는 과정을 정의하지 않으면 아니된다.

여기 이 과정에는 세 가지 단계가 있다. 첫째, 의혹 또는 불확실 하게 되는 단계가 있다. 우리가 무엇 또는 어떤 것들을 알게 되었을 때 무엇인가 그 아는 것에 대한 행동을 취해야 한다. 그 한가지 예로서 선물받은 소중하게 아끼던 장난감을 잃어버린 이러한 상황에 빠진 한 어린 아이를 들어 보자. 그는 그에게 무슨 일이 닥쳐올 것인가. 또한 그는 그 장난감이 없는 가운데서 무슨 놀랄만한 놀이감이 없을까를 생각하는 것이다. 그는 '누군가가 혹시 그 장난감을 제자리에 다시 가져다 놓지 않을까' 하고 생각하는 것이다.

둘째로, 그것은 마지막으로 바라는 욕구를 달성하기 위하여 그의 처리하는 개개의 숙고의 의미를(또는 방법을) 강구하여 보는 조직의 단계가 있다.

마지막으로 이것은 또한 개개인 스스로 강구한 계획의 선택 여부를 결정하는 비판적인 자세가 있다.

이러한 문제가 되는 상황은 어린이들에게서 뿐만 아니라 어른들의 일상생활에서도 공히 자주 볼 수 있는 것들이다. 항상 학교의 일을 옮겨 놓은 것처럼 마음에 이 사고하는 과정을 염두에 두고 과제를 내어 주어야 하는 것이다. 교사들 즉 학교 및 주일학교 교사들은 다시 말하거니와 만약 그들이 하고 있는 교육이 열매가 맺어지기를 기대한다면 이렇게 상호 연관시키려는 자세를 불러일으키는 실제적인 상황들을 제공해 주어야 할 것은 시행착오나 맹목적인 추종이나 단순히 새로운 상황이 다른 경험한 상황과 같음을 알고,

이미 얻을 경험만을 의존하여 그대로 답습해서 할 수 있는 종류의 과제를 내주는 일이다.

교사들을 위한 규칙(Rules for Teachers)

20. 매우 중요한 의미에서 무엇인가 우리가 말하고 있는 지식은 해결된 문제들의 지식이다. 사실들과 법칙들은 수집되고 시험되어져 그것이 조직되어 짜임새 있는 체계를 구성하고 있다. 그러나 근본적으로는 그것들의 어떤 문제들을 당면해서 그 첫 번째 손을 가져가므로 해결되는 모든 것들과 상황의 방향에 대한 결과들을 대표하는 것이다.

다른 사람들에게 지식을 전달함에 있어서 우리가 실제적이고 생생한 상황에 접근시킬 수 있으면 그러할수록 그 교육은 그만큼 더 훌륭한 것이다. 여기에 대하여 어떤 사람들은 어린이가 지식에 대한 필요성을 절실하게 절감할 때까지, 다시 말하면 어린이의 생활에 실제적이며 꼭 필요한 문제를 풀기 위하여 지식이 필수적으로 있어야 하는 것을 어린이 자신이 깨달을 때까지는 지식을 전달해서는 안된다고 까지 주장하기도 하는 것이다.

그러나 의심할 여지도 없이 이것은 극단적인 견해인 것이다. 그렇지만 그 문제점들을 알맞게 사용하는 일은 교사의 임무 가운데 하나인 것은 어린이의 생활상의 문제점들이 무엇인지를 알고 교사 자신의 강의를 가능한 한 풍부하고 의미있게 하기 위하여 필요한 것이다.

21. 이상에서 설명하였듯이 이 지식의 법칙은 사려 깊은 교사에게 일수록 고도의 실제적인 가치를 지닌 규칙들을 제공하여 준다. 특히 이것은 어린이를 가르치는 임무를 잘 감당해 내고자하는 그

교사들에게 더욱 더 분명한 지침을 제시하는 것이다.
(1) 당신의 학생들이 그들에게 당신이 가르치려고 하는 그 주제에 대하여 얼마나 알고 있는가 알아 보라. 이것이 바로 당신의 출발점이다. 이것이 해당되는 것은 비단 교과서 지식만이 아니다. 습득한 방법에 구애됨이 없이 그들이 갖고 있는 모든 정보에 해당되는 것이다.
(2) 학생들의 지식과 경험을 보다 십분 선용하라. 학생들 스스로가 다른 지식을 얻는 수단으로서의 그것의 범위와 가치가 어떠한지를 실감토록 해 주라. 꼭 그래야만 하는 것이다.
(3) 당신의 학생들로 하여금 보다 분명하게 그들의 지식을 표현하도록 유지하여 정돈시키며 그것을 보다 새롭게 하도록 격려하라. 이것이 옳은 것이다.
(4) 학생들 주위에서 흔히 찾을 수 있는 어떤 사실이나 생각, 그리고 이미 잘 알고 있는 것에서 단 한 단계를 도약하면 도달할 수 있는 사실이나 생각을 사용해서 시작할 것이다.
  예를 들면 지리에 대해서는 집동네(Home town)에서 시작하면 되고 역사는 학생들이 기억하는 것들로 또한 도덕은 양심에서부터 시작하면 될 것이다.
(5) 매번 수업을 할 때마다 가능하면 지난번 수업과 연결이 되도록 하는 것이 보다 실제적이고, 또한 학생들의 지식과 경험과도 연관을 시켜야 할 것이다.
(6) 수업의 각 단계마다 다음 단계로 자연스럽게 그리고 쉽게 인도되도록 이끌어 갈 것이다. 이때 당신의 교수 전달 방식을 그렇게 되도록 조정하라.
(7) 수업의 단계들을 당신의 학생들의 연령과 재능의 정도에

따라 균형있게 조절하고, 너무 긴 수업이나 연습을 해서 학생들을 지루하게 해서는 안된다.

또한 지나치게 학생들의 수준에서 쉬운 것을 가르쳐서 학생들의 기대감을 만족시켜 주지 못하는 일은 당신의 학생들을 지치게 하며 힘없게 할 것이다. 따라서 교사인 당신 자신도 힘을 잃게 될 것이다.

(8) 교사인 당신이 가르치려고 하는 그 목적을 위하여 그것에 가장 알맞으며 흔하고 친숙한 주제들로 하여금 그것들 가운데서 실례를 들을 것이다.

(9) 학생 그들 자신의 경험으로부터 실질적인 예를 찾아보도록 당신의 학생들을 이끌어 갈 것이다.

(10) 당신의 학생들에게 모든 새로운 사실들이나, 또는 원리들을 보다 친숙할 수 있도록 만들어 줄 것이다. 다시 말하면 그것을 스스로 확고하게 하고 잘 확립해서 나중에 다른 새로운 것을 설명할 때 즉각 사용할 수 있도록 하라는 말이다.

(11) 학생들의 모든 지식과 지금까지 습득한 모든 것에 가능한 한은 모든 실제적인 방법을 동원하여 사용하도록 지도 격려할 것이다. 그것은 학생들이 다른 지식을 발견하거나 설명하도록 하기 위한 것이다.

(12) 매 단계마다 명확하게 하고 친숙하게 만들어 진전시킬 것이다. 어떤 경우이든 간에 보다 확실한 이해의 바탕 위에서 다음에 연이어 일어나는 단계를 시작하도록 하여야 한다.

(13) 가능한 한 설명할 수만 있으면 당신의 학생들이 그들 자신이 활동하여 교사인 당신이 그들에게 주는 문제를 선택

하여 그들이 가상적이 아닌 보다 실제적인 문제들을 접할 수 있는 기회를 만들어 주어야 할 것이다.

그러한 실제적인 기회를 늘려 주어라.

(14) 교사인 당신이 다시 기억할 사상이 있다. 그것은 당신의 학생들이 생각하는 법을 배우고 있다는 사실이며, 올바른 생각을 하기 위해서는 학교나 학교 밖에서와, 또 학생들 곧, 그들 생활 속에서 일어나는 문제들을 영리하게 그리고 회상을 하면서 직면하는 법을 배워야 한다는 사실이다.

위반사항과 잘못들(Mistakes and Violations)

22. 이와 같은 수업의 법칙의 보다 넓은 범위로 인하여 보다 많은 사람들이 주어진 보다 좋은 기회임에도 불구하고 실수와 잘못을 저지르고 있다. 규칙을 위반하는 것을 다반사로 하고 있는 것이다. 이하에 말한 보다 흔한 것들 가운데 몇 가지 예로써:

(1) 그것은 그들 학생들에게 아주 새로운 과목을 공부하라고 부과하는 교사들에게 있어서는 조금도 이상한 일이 아니다. 또는 새로운 주제들에 대하여 조차도 연구하도록 하는 교사도 결코 예외는 아니다.

더욱 부적당한 준비나 또는 모든 것에 준비가 되어 있지 않은 그들에게 이전의 공부 또는 경험 가운데 어느 하나를 가지고 그 전혀 새로운 과목이나 주제들을 연구하도록 시키는 일이 빈번하게 일어나는 것이다.

(2) 많은 교사들이 등한시하는 일이 있다. 그것은 학생들이 공부하기 위하여 갖추어야 하는 도구가 무엇인지를 보다 세심하게 조사하는 일이다. 바로 그것을 등한시하는 교사들이 많다는 사실이다.

(3) 또한 많은 교사들이 흔하게 범하는 실수는 학생들이 알고 있거나 배운 것들을 새로운 분야에 연관하도록 훈련시키지 못하는 사실이다. 개별적인 수업이나 암기 사항들 가운데 보다 많은 것들이 서로 연관성 없이 다루어지고 있다는 사실은 대단히 불행한 일이다.
(4) 과거에 습득한 지식은 앞으로 사용할 도구라기보다는 창고에 갖다 넣은 재고품 취급을 당하는 것이다.
(5) 기초적인 사실 및 정의를 철저히 소화하지 못하는 경우가 흔하게 있다.
(6) 현 단계를 보다 철저하게 이해하지 못한 채 다음 단계를 다루려 하는 것이다.
(7) 다는 아니지만 일부 교사들 가운데는 학생들의 능력으로는 감당치 못할 만큼 길거나 어려운 숙제나 수업을 해서 다음 과목을 공부하는데 필요한 원리를 숙달하지 못하게 하는 것이다.
(8) 교사들은 학생들이 발견자적인 자세를 갖게 하는데 종종 실패하는 것이다. 어린이들은 교사가 이미 배운 것들을 사용하여 새로운 문제들을 사용하여 새로운 문제들을 해결하는 법을 배워야만 하는 것이다.
(9) 한가지 주제의 여러 면들을 서로 조화있게 연결시키지 못하므로 하여금 나머지 면들을 설명하는데 있어서 앞의 것을 연결시켜 주지 못하는 경우가 흔하다는 사실이다.

23. 이러한 법칙이나 이러한 법칙의 결과로 교육이 수포로 돌아가며 설령 효과가 있다고 하여도 잠시 뿐이다.

학생들은 자신들이 불충분한 지식을 갖고 있음과 스스로 공부할 능력을 갖추지 못했음을 알게 된다. 이것은 비단 다른 학문에서 뿐만 아니라 성경 지식에도 또한 적용된다. 성경은 한가지 목적을 가진 단 하나의 개념으로서 서로 연결된 전체가 아니라, 깨어진 유리 조각처럼 산재하여 있는 부분들로 밖에 이해되지 않는 것이다.

그리할 때 그 효과는 많은 경우에서 단지 혼동만 주며 더 혼란 가운데 빠지게 할 뿐이다.

성경은 마땅히 하나의 연관성 있는 전체로서 봐야만 하는데 전혀 그렇게 여겨지지 않게 되는 것이다.

6 교육과정의 법칙
The Law of the Teaching Process

1. 우리들은 지금까지 교육의 기술에 대하여 조망하여 보는 가운데 주로 교사, 학습, 언어, 수업과 그리고 이것들이 수반하는 것들을 고찰하여 보았다.

이제 우리는 이것들의 상호 역학관계를 연구하고 그리고 교사와 그의 학생들 간의 행동을 관찰하여 볼 차례다. 지금까지 다룬 내용 가운데 이것들을 부분적으로는 노출시켰지만 그러나 그것들은 각각 자체의 법칙을 갖고 있기 때문에 보다 분명하고 구체적인 고찰을 요한다. 그런데 비하여 게다가 그것은 지금까지 그러 하여온 것이기도 하다.

교사와 학습자(학생)의 법칙에서 우리는 양자의 활동이 서로 반영됨을 보았다. 그러나 행위자와 그의 임무는 그 사상 속에 있어서 쉽게 쉽게 구분이 되며 그것들 자체적인 특징과 각각 외양적인 과정을 지니고 있다. 보다 자연스러운 순서를 따르면 우리들에게 가르친다는 임무가 먼저 오므로 그것을 알아보고 우리는 그 다음으로 그것들의 법칙을 찾아보기로 한다.

교사에 대한 법칙은 원칙적으로 자격에 대한 법칙이다. 가르침에

(교육) 대한 법칙은 임무에 대한 법칙이다.

2. 이처럼 지금까지 우리는 교육을 지식 또는 경험을 전달하는 것으로 이해하였다. 보다 더 정확하게 말한다면 이것은 가르침에 따른 결과(또는 열매)라고 말하는 것이 옳다. 교사는 학생들 스스로가 그것들을 발견하기 위하여 스스로 하게 하든지 또는 말로나 예를 들거나를 불문하고 학생들에게 경험을 전달해 주고 있는 것이다. 이것이 곧 그의 목표이자 목적이다. 그리고 그의 가르침은 그 목표에 의하여 좌우되는 것이다.

그러나 직능면으로 본 교사의 사역에 대한 설명은 반드시 목적면에서 본 정의와는 구별되어야만 하는 것이다. 교사의 실제적인 사역은 그들 즉 학생들을 깨우쳐서 생각하게 하며 정신을 행동화하도록 만들어 주는 일이다. 뿐만 아니라 그들 스스로가 행동하도록 일깨우는 일이다.

이미 보여준 바지만 지식이란 물체처럼 하나의 용기로부터 다른 용기로 부어 옮기는 것처럼 정신으로부터 또 다른 정신으로 옮겨 부어지는 것이 결코 아니다. 그러나 어떤 경우든지 받아들이는 사람의 머리로 인식되고 재사고되며 재생되어야 한다. 모든 설명이나 해설 등은 학생들 스스로 사고하도록 자극시키며 인도하는 적절한 것이 되어야 한다. 그렇지 못한 것은 유익한 것이 되지 못하는 것이다. 만일 학생 그 스스로가 사고를 하지 않는다면 이로서는 결코 가르침의 결과를 볼 수 없게 된다. 결국 교사들의 말은 귀머거리의 귀에 대고 말하는 것과 다를 바 없이 허무하게 되고 말 것이다.

가르침의 법칙(The Law of Teaching)

3. 우리는 이제 가르침의 법칙을 현실적으로 적나라하게 이끌어

내보자; 그것은 곧 "학생 스스로가 활동하도록 지도 격려하여 주며 자극하여 준다. 그리고 또한 보다 보편적으로 말할 수 있는 것은 학생이 그 스스로 배우고 할 수 있는 것은 일체 그에 대하여 말하지 않는다."

4. 이 법칙의 두 번째 절은 그 법칙을 충분하게 공식으로 표현하려는데 있어서 그 위치를 정당화하기에는 충분한 중요성을 지니고 있는 말이다. 시간이 없는 급박한 그래서 위급을 느끼는 경우나 또는 매우 연약하든지 매우 용기를 잃어버린 학생의 경우나 또는 때때로 강렬한 흥미와 관심을 일으켰든지 아니면 교사가 줄 수 있는 신속하고도 실제적으로 효과적인 힌트를 얻고자 절실하게 기다리는 경우에 있어서는 이 주의를 무시하고 등한하게 여기지 않을 수 없을 것이다. 그러나 항상 거의 대부분의 경우에 있어서 이 규칙을 위반할 때, 그것은 항상 뚜렷한 이득을 얻어서 그것을 보상하지 않으면 안되는 손실이 되는 것이다.

긍정적으로 숙고하여 볼 때 이 주의는 다음과 같이 표현할 수 있을 것이다. "당신의 학생들로 하여금 진리의 발견자가 되게 하라 학생 스스로 그것을 추구하게 만들어라" 이 법칙의 위대한 가치는 더 멀리 거슬러 올라가지 않아도 더 이상의 증명이 필요없을 정도로 자주, 그리고 강력하게 주장되어 왔던 것이다.

교육학에 관한 위대한 저자들은 너나 할 것 없이 이 사실을 이모저모 다루고 있다. 만일 우리가 훌륭한 교사들 가운데 가장 넓게 받아들여진 또한 가장 광범위한 적용과 결과를 갖고 있는 교육학적 격언을 찾고 있다면 우리는 바로 이 법칙에서 찾아야 할 것이다. 이것은 '학생들의 머리를 깨우쳐라' '학생들로 생각하게 하라' '의문을 갖는 정신을 일깨우라' '학생들로 하여금 공부하도록 만들어라'

등 이와 같은 법칙에서 찾아볼 수 있는 것과 똑같이 근본적인 진리인 것이다.

 이와 같은 모든 낯익은 격언들은 같은 법칙을 다르게 표현한 것일 뿐이다.

5. 지금까지 다소간 언어와 지식 그리고 주의력의 원리들 그 법칙들을 고찰할 때, 우리는 두뇌의 활동에 관하여 얼마간의 한계를 갖고 숙고하여 보았다. 이제 우리는 이것들을 보다 더 넓게 연구하여 갈 것이다.

이 법칙의 철학(The Philosophy of the Law)

6. 우리는 교사가 없이도 배울 수 있다. 어린이들은 그들이 한 학교에 가보기에 앞서서 수백 가지의 사실들을 그들의 부모나 또는 다른 사람들의 도움으로 배우는 것이다. 또는 그들 자신이 스스로 어떤 도움을 받지 않고도 노력해서 배우는 것이다. 사실 우리가 습득한 수많은 사실들은 우리들 스스로 체득한 것이며, 따라서 그처럼 도움을 받지 않고도 연구하여 캐어 낸 지식은 가장 오래 남으며 가장 좋은 것이라는 사실이 아주 일반적으로 인정되고 있는 것이다.

 모든 것이 배우게 되는 출발은 가르치는 자가 없이 발견가에 의하여 배워져야만 한다. 왜냐하면 그것은 처음부터 아는 이가 없기 때문이다. 만일 우리가 가르침이 없이도 배울 수가 있다고 한다면 교사의 진정한 역할은 다른 것이 아니라 독학이 가장 편리한 조건들을 구비하여 주는 것이 될 것이다.

 본질상 지식의 획득은 교사가 있든지 없든지 그것이 어떠하든 간에 똑같은 작용과 똑같은 방법을 사용해서 얻어질 수 있는 것이다.

7. 그렇다면 학교의 필요란 무엇인가? 또한 교사의 진정한 의미의 필요란 과연 어떤 것이겠는가?

이러한 질문은 적절한 것이다. 그러나 그 대답은 대단히 명백한 것이다. 그것들 자연적인 상태에서의 지식은 흩어 뿌려진 씨앗처럼 혼동되어 얽혀져 널려 있는 것이다. 그것은 확실히 커다란 체계들 가운데 연결되어 있는 것이다. 그러나, 이러한 연결들은 초보자들에게 있어서는 잘 알려지지 않은 관계들이며 법칙들이다. 그리고 그것들을 사람들이 알 수 있게 되는 것은 관찰과 주로 면밀한 연구를 통해서만 가능한 것이다.

학교가 그 교과과정으로 삼고 있는 것은 인류의 경험들 가운데서 가장 유용하다고 여겨지는 것들이고, 이것들을 조직화하며, 모든 배움에 필요한 시설들과 함께 그것들을 학생들에게 제공한다. 학교는 이 학생들에게 연구를 위한 여가와 휴식을 제공하며 그 책들과 다른 교육 자료들을 통하여 다른 사람들의 노력의 결과를 주는 것이다. 이것은 마치 탐험하려는 미지의 땅의 지도로서, 그리고 지식이라는 들 가운데로 발이 지나가서 생겨진 길로서의 역할을 하는 것이다.

그렇다고 하면 진정한 교육이란 지식을 주는 것이 아니라 그것을 학생들로 하여금 얻도록 격려하는 것이다.

가장 적게 가르치는 사람이 가장 잘 가르친다든지, 혹은 직접적으로 가르침을 받지 않고 가장 잘 배우는 학생들의 교사가 가장 잘 가르친다고 말하려는지 모르겠다. 그러나 분명한 것은 우리는 이런 경귀적인 말들 가운데는 교육이란 두 가지 의미―즉 하나는 단순히 말로 가르치는 것 또 다른 하나는 진정한 배움의 조건들을 창조하는 것―가 내포되어 있음을 상기해야 하는 것이다.

8. 그러한 교사는 동정심 많은 안내자와도 같다. 그것은 교사가 그가 가진 지식을 가지고 공부할 제목에 대해 배우는 학과 지식에 있어서 학생들의 노력을 적절하게 지도하고 그의 동정 어린 지도로 불필요한 어려운 문제로부터 시간과 힘의 낭비를 막을 수 있기 때문이다.

그러나 학교 또는 교사의 목표가 없다면 그들의 어떠한 도움도 마음의 작용을 변화시키거나 약화시킬 수 있으며 또는 학생들로부터 그 스스로의 힘으로 알아야 할 지식의 필요성을 약화시킬 수 있는 것이다. 관찰할 물체와 귀에 소리를 들려주고 지성을 자극하는 일들을 아무리 많이 공급하여 준다 할지라도 눈으로 보고 귀로 들으며 두뇌가 그것을 스스로 생각해야 하는 것이다.

어린이의 생득적 능력이 육체와 정신의 성장을 가져다 준다. 성 어거스티누스(Saint Augustinus)는 "만약 어린이가 능력의 정도에 따라 교육을 받았다면 그들은 계속적으로 성장 발달할 것이다. 그러나 그들의 힘에 겹게 강요되면 그들은 발전 대신에 퇴보할 것이고 커가는 대신 작아진다"고 말하였다. 교사가 그의 학생들에게 그들의 수동적인 감수성에 의존하여 열심히 가르침으로서 학생의 지능(력)을 총명하게 형성할 수 있다고 하는 의식을 빨리 버리면 버릴수록 좋은 교사가 될 것이며, 잘 가르칠 수 있는 기능도 생길 것이다. 또한 소크라테스가 말한 것처럼 지성으로 하여금 형상을 파악하며 그 자신의 개념으로 표현하게 도와주는 기술을 습득하게 될 것이다. 동시대 사람들 사이에 그의 힘과 도량을 힘입었던 저 위대한 아테네 사람은 이것에 있어서 그의 기술에 덕을 입고 있으며, 그리고 이것이 그에게 인류의 위대한 선생들 가운데 가장 뛰어난 사람의 하나로서의 지위를 주었던 것도 사실이다. 이것이 배움과 앎을 앵무새처럼 피상적이거나 기계적인 학습과 구분하여 가르치는 교육의 '강제 방법(Forcing process)'이다. 이것은 가장 설득력 있는 과정이다.

한 소년에게 공처럼 둥근 지구의를 보여 주었을 때 그것을 보고 놀라는 표정을 지으며 물었을 때 그 소년에게 "너 학교에서 그것을 배우지 않았니?"라고 하자 "예 배웠지요. 그러나 그것을 결코 이해할 수 없습니다."라고 그 소년은 대답했었다.

9. 교육의 커다란 목표는 지식과 이상을 얻게 하며 능력과 재능을 발달시키는 것이다. 지금 우리가 다루고 있는 법칙은 이러한 두 가지 중요한 목표로부터 그 중요한 의미를 찾아낼 수 있는 것이다. 학생이 그 자신 스스로 알아야 하며 만일 그렇지 못한다면 지식은 결코 명목상 지식일 뿐이다. 바로 그러한 배움과 앎의 행위에 요구되는 그러한 노력은 배움의 수용 능력을 증진시키는데 크게 기여할 수 있다. 학생이 그 스스로 공부하지 않고 가르침만 받는다면 그에게 주어진 어떠한 연습은 하지 아니하고 싫증을 내는 사람에 지나지 않을 것이다. 결국 그는 자기의 흥미와 정력을 잃어버리게 될 것이다.

10. 우리들 자신의 능력에 대한 신뢰는 그 능력들을 성공적으로 사용하게 하는 본질적이고 필수적인 조건이다. 이 신뢰는 이러한 능력들을 스스로 사용하고 격려하며 자발적이고도 독자적인 사용에 의하여서만 얻을 수 있다. 우리가 산책에서 배운다고 하는 것은 다른 사람의 산책을 보는 것에서 배우는 것이 아니라 직접 산책을 함으로써 배우는 것이다.

이와 같은 방법은 정신 능력에 대한 진실이라 할 것이다.

11. 자기 활동 또는 정신적인 능력은 행동을 유발하기 위한 어떤 동기나 자극이 없이는 스스로 작용할 수 없는 것이다.

어렸을 때는 외부의 자극을 더욱 강하게 받으나 성숙한 시기에는 내적인 자극을 주는 것들에 의하여 우리는 보다 쉽게 반응하는 것이다. 어린 아이에게는 감각의 대상—밝은 빛, 생명있는 동물들, 움직이는 사물들—은 가장 매혹적이며 흥분케 하는 것으로 자극적인 것이다.

더 나이가 든 인생의 후반기에서는 사고와 느낌이란 내적인 사실들이 더욱 더 매혹적으로 마음을 끈다. 어린이의 지적인 생명은 감각작용의 과잉 과다이지만 성인의 그것은 보다 더 사고적인 것이다.

12. 그러나 자극이 무엇이든 간에 즉 어떤 자극일지라도 그 인식과정은 대부분 동일하다. 거기서는 부분, 전체, 계층, 원인, 효과에 대한 분석과 종합을 번갈아 가며 하는 것, 옛것과 새것의 비교를 통하여 인식하여 간다. 인식은 암기와 상상력의 행위, 이유와 판단의 이용, 그리고 효과는 배우는 자의 지식과 경험에 관련되어 왔으므로 선입관과 취향에 관한 사고에 달려있다. 만일 사고가 일어나지 않는다면 교사는 헛되게 인식을 위한 자극을 적용했을 것이다. 때문에 교사는 학생들이 이해하지 못하는 것을 아마도 놀라 할 것이며 어리석고 무능력하며 적어도 그 학생은 게으름뱅이라고 여길 것이다. 그렇지만 우연하지 않게 그 어리석은 생각은 때때로 학생 편에 있지 아니하고 다른 편에 있는 것이다. 그것은 효과가 있는 정력적인 힘으로 또는 교사가 학생을 부르는 것과 같은 가르침으로써 학생들을 가르침을 다하였다고 가정하는 교수 방법에 실수가 있는 것이다. 이러한 까닭으로 오직 진실한 가르침만이 학생들

의 마음에 확신할 만한 자연스러운 자극과 흥분으로 집중하게 할 수 있을 뿐이다. 만약 이 말미에 언급한 몇 가지 이러한 것들이 실패한다면 교사는 다른 것들로부터 그가 바라는 결과들을 얻고 발견해야 할 것이며 어린이가 그의 수업에 있어서 임하는 태도나 보다 활발한 행동을 보고 나서야 비로소 휴식을 취할 수 있을 것이다.

13. 코메니우스[1])는 이미 이백 여년 전에 말하기를 "대부분의 교사들이 씨앗을 뿌리고 심는 대신에 나무를 심고 있다. 다시 말하면 간단한 원리들로부터 적용해 나가는 대신에 뭐가 뭔지 모를 무질서한 책들과 잡다한 연구서들을 소개한다."고 하였다.

이 씨앗에 대한 비유는 대단히 귀중한 것이고 코메니우스가 사용하기 이전에도 이미 있었다.

교사 중에 가장 위대하신 교사이신 분은 말씀하시기를 "그 씨는 곧 말씀이니라"하셨다. 그 참되신 교사께서는 흙을 일구고 씨를 뿌리신다. 이제 그 씨앗이 나서 무럭무럭 자라나며 곡식을 맺는 것은 흙이 그 자신의 힘을 통하여 이루는 역사인 것이다.

14. 자기 스스로 공부하는 학생과 억지로 시켜서 마지못해 하는 학생의 차이는 설명할 필요도 없이 너무도 명백하다. 전자는 자유스러운 행위일 것이며 후자는 기계적일 것이다. 다시 말하면 자진해서 하는 것은 전자의 학생이며 후자의 학생은 말할 것도 없이 수동적인 기계와도 같은 것이다.

어디 그 뿐인가. 전자는 일에 관심과 흥미로 일에 매료되어 있고,

---
1) 코메니우스(J. A. Comenius; 1592-1671)는 모라비안 교도의 성직자로서 학교 수업을 개혁하려는 그의 노력으로 그의 교육학사에서(The history of education) 불후의 지위를 차지하고 있다.(역자 주)

관심에 이끌려 동기가 부여되어서 그를 압도할 만한 어떠한 어려운 문제를 만나도 그 과업의 목적을 달성하기까지는 계속적으로 자진해서 공부한다. 그러나 후자는 강요당할 때만이 공부한다. 그는 곧 보이는 것만 보고, 들을 때만 듣고 교사가 이끌 때만 공부하고 멈출 때에는 곧 중단해 버린다.

전자는 스스로 활동하며 움직이지만 후자는 외부의 또는 주어진 자극이나 충동에 의해서만 움직인다. 전자는 생동하는 샘에서 흐르는 산 계곡의 물줄기이나 후자는 다른 사람의 손의 수고를 통하여 펌프로 물을 퍼 올려서 부은 도랑물과 같은 것이다.

사고에 필요한 지식(Knowledge Necessary to Thought)

15. 지성의 작용은 실질적으로 이미 획득한 지식의 분야에만 제한한다. 누구든 아무 것도 모르는 개인은 사고하지 못하는 것이다. 왜냐하면 그는 사고할 수 있는 것에 관하여 아무 것도 가진 것이 없기 때문이다. 비교하며, 상상하며, 판단하며, 추리함에 있어서, 그리고 자신의 사고를 계획하며 평가하고 실행하기 위하여 지식을 적용함에 있어서, 지성은 반드시 머리속에 축적된 자료들을 토대로 하여 작용한다.

그러므로 지적 자극제로서의 어느 대상이나 사실의 힘은 어느 경우든지 한 개인이 그것과 연관된 대상과 사실들을 얼마나 많이 알고 있는가에 달려 있는 것이다. 지금까지 알려지지 않은 어떤 식물을 발견했을 때 식물학자는 가장 날카로운 관심을 불러일으킬 것이다. 그러나 새로운 별이나 새로운 돌에 관하여서는 조금도 기울이지 않거나 아마 전혀 거들떠보지도 않을 것이다. 의사는 새로운 질병에 관하여 열심히 연구할 것이고, 변호사는 최근의 판례들을, 농부는 새로운 곡물, 그리고 기술자들은 새로운 기계에 관하여 연구하는 것이다.

16. 어린 아이는 아는 것이 적고, 그래서 그의 관심은 간결하고 잠깐이며 아주 적은 것이다. 반면에 성인은 많은 것들을 알며, 그의 관심은 보다 깊고 넓으며 보다 더 지속적이다. 지식의 증가에 따라서 사려깊음은 깊어지며 성숙되어 간다. 수학을 공부하는 학생은 그의 분야에 오래 그리고 부단하게 공부하여 왔다 할지라도 수학이 지루하다거나 도무지 싫지 않은 것이다.

참으로 지혜로운 성경 학도는 성경의 각 페이지마다에서 최상의 기쁨을 발견하는 것이다.

이러한 모든 예들은 우리의 법칙 저류에 흐르는 원리들을 보여 줄 뿐만 아니라 그 법칙의 가치를 입증해 주고 있는 것이다.

17. 지성이 그것을 통해서 일깨움을 받을 수 있는 주된 두 가지의 근원은 지식을 위하여 지식 자체를 사랑함이다. 다시 말하면 지식의 문화적 가치와 문제들을 해결하거나 다른 지식을 얻는 도구로 사용될 지식에 대한 열망인 것이다.

지식 자체를 사랑한다는 것은 우리 주위의 현상들에 대한 진정한 성질과 그리고 그 원인들을 규명하고자 애쓰는 생득적 호기심을 만족시킴, 종종 지성을 괴롭히는 질문들에 대한 대답, 자연의 신비들이 존재함에 대하여 무지함으로 인해서 느끼는 불안으로부터의 해방, 지식이 종종 주는 능력과 자유함을 느낌, 늘 새로운 단편의 지식을 얻음으로써 향상하고 있다는 느낌, 그리고 진리 자체의 미와 숭고성 때문에 '진리를 기뻐함' 또는 진리의 도덕적 매력과 달콤함, 재치와 해학에 대한, 그리고 아름다움에 대한 우리의 기호에 대해 진리가 주는 호소력 등으로 혼합되어 있는 것이다.

이러한 모든 것들은 여러 형태의 지식에 호소하여 개별적으로나 공동적으로 여러 유형의 지식에 발전을 가져다 주며 또 독서와 연구에 아주 커다란 매력을 주어 큰 관심을 가지고 학습에 임하게 하는 것이다.

노련한 교사라면 이런 것들을 통해서 지성에 다다를 수 있고 일깨워 질 수 있는 반듯한 대로를 하나 제공받을 것이다.

18. 이와 같은 다양한 심적 욕구가 학생들의 기호와 재능이 그 특질과 강도에 따라서 변화되어야 한다는 사실은 명백하다.

어떤 이들은 자연과, 그 자연에 대한 관찰과, 실험을 하는 학문을 사랑한다. 또 다른 사람들은 수학을 사랑하고 그 수학의 문제들을 풀기를 기뻐한다. 한편 다른 어떤 이들은 언어와 문학에 깊은 관심을 나타내고 그것을 사랑한다. 다른 사람들은 또한 역사와 과학 그리고 인간의 능력, 행위, 운명 등을 다루는 사회과학을 더 좋아하기도 한다.

이러한 각각의 특이한 기호는 사랑하며 아끼고 계발함으로써 자라나며, 그것을 습득하는 정도가 점점 커감에 따라서 더욱 더 열중하게 되는 것이다. 예술, 문학, 그리고 과학에 있어서의 보다 위대한 경지와 그 큰 성취는 이러한 선천적인 기호에서부터 비롯되는 것이며, 이 모든 것들에 있어서 '어린이는 어른의 아버지다'("The child is father of the man") 각각의 학생들에게 자리잡고 있는 것은 즉 이러한 기호에 대한 배아("The germ of such tastes.")이다.—그러한 능력의 원천—교사들의 가르침을 기다리는 것은 그 배아에다 물을 주며 그 능력의 원천들을 움직이게 하는 기술만을 기다리고 있는 것이다. 다시 말해서 그러한 기호에 대한 배아가 자리 잡고 있는 것이다.

교육과정의 법칙   119

19. 지식에 대한 그것의 선망("The respect.")은 왜냐하면 지식의 연장으로서의 가치 때문만이 아니라, 단순한 생계의 수단으로써 보다 나은 생활을 영위할 수 있기 때문이며 보다 나은 생활을 영위할 수 있기 때문이며 보다 나은 사회적 지위에 대한 근원으로써의 교육에 대한 열정을 포함한다. 그리고 어떤 특별한 전문적 분야에 참여를 필요로 하는 그 절실한 요청, 또는 예술가, 법관, 작가로나 아니면 어떤 다른 두뇌사역("or Some other brain worker.")자로서의 능력을 절감하고 있던가, 기대할 때의 필요로 포함된다.

이와 마찬가지로 공부하는 그 목적은 승리적인 보상을 얻기 위함이거나 또는 처벌이나 형벌을 피하기 위한 것도 이에 포함된 같은 의미들인 것이다. 물론 이러한 배움에 대한 간접적인 욕망은 학생들의 성격과 그의 목표에 따라 상이하지만, 그러나 전술한 바와 같은 지식에 대한 진정한 열정으로 무르익지 아니하는 한 성취하면서 성장하지 못하는 것이다. 말하자면 전술한 것들은 필요없는 것이 되고 말 것이다.

욕망의 힘은 공부를 하지 않으면 안되게 하는 절실한 필요의 성질과 크기에 의한 것이다. 그러한 배움을 일깨우는 활동들은 스스로 할 일을 하는 데까지는 이르나, 할 일을 다하고 나서도 계속하여 공부하려 들게는 하지 못한다. 학교에서 학습의 능률을 증진시키기 위하여 상벌제도가 사용되고 있지만 이런 것 이상의 힘을 구사할 수는 없다. 공부하기 좋아서 하며 주어진 과제를 다 한 후에도 지속적으로 중단하지 않고 계속하는 넓고 깊이있는 공부를 하게 하는 것으로 상벌제도는 효과가 생각보다 못하다. 우리가 주목하여 볼 것은 바로 그렇게 가르치고 운영되는 모든 학교에 스며있는 분위기다. 그와 반면에 교사가 지식을 참으로 사랑하도록 곧 그 지식의 올바른 사용을 계속 지적하며, 달리 말하자면 교사가 그것을 계

속 지적하며, 달리 말하자면 교사가 그것을 계속 가르치고 학생들이 그것을 절실하게 인식하면, 지식의 유용함 때문에 지식을 사랑하는 것으로부터 그 지식 자체 때문에 지식을 사랑하게 되는 때가 결국 오게 될 것이다.

사고와 감정(Knowledge and the Feeling)

20. 우리가 지금까지 토의하여온 것은 지성과 감정의 긴밀하고도 떼어놓을 수 없는 관계에 대한 것이다. 다시 말하면 사고와 감정의 불가분의 연합관계를 당연시 해 온 것이다. 사고의 대상에 대하여 감정없이 생각한다는 것은 사고의 대상물에 대하여 전적인 무관심을 가진 사고이거나 사물에 대하여 차이가 없게 생각하는 것이다. 사실 이것은 터무니없는 부당한 것이다. 그리고 생각없이 느낀다는 것 다시 말해서 사고없는 감정은 사실상 불가능할 것이다. 그것은 터무니없는 것이다. 그처럼 사고의 대상에 있어서 대부분에 역시 그것을 싫어하든 좋아하든 사물은 사고를 요구하는 것이다. 그런 까닭에 사고의 대부분이 욕망 또는 혐오의 대상이므로 그것은 곧 선택의 대상이며 모든 중요한 지성의 활동은 모두 도덕적인 측면을 가지고 있다는 결론에 이르게 되는 것이다.

이것은 다시 하나의 전제로서 우리가 토의하는 그 구석구석까지 시종 지속될 것이기도 하다. 지식에 대한 사랑은 지식 그것 자체를 위한 것이거나 또는 그것을 사용하기 위한 것이든지 그것은 실질적인 도덕안에 자리하고 있는 것이다. 그와 같이 그것은 선과 또는 악의 목적과 도덕적인 애정을 함축하고 있는 것이다. 때문에 그것은 실제로는 도덕적인 것이다.

공부에 있어서의 모든 동기는 도덕적 특질 또는 관계를 가지고 있다. 그것들의 초보적인 단계에 있어서 더욱 그러하다. 이러한 까닭에 교육 또는 가르침이 없이는 도덕으로부터 절대적으로 분리될 수밖에 없는 것이다. 다시 말해서 어떠한 교육이나 가르침도 도덕으로부터 절대적으로 분리될 수 없는 것이라는 말이다. 그 지성은 곧 애정과 함께 학교에 다니는 것이다.

21. 이와 같은 도덕적 인식은 의무라는 인식된 영역 즉 그것들이 마무리되어지는 범위에서 발견하게 된다. 그 애정과 다른 도덕적 특질들의 보다 높은 영역 보다 완전한 차원을 찾게 된다. 바로 이런 것들로부터 학습에 있어서의 가장 최고와 가장 강렬한 자극이 주어지는 것이다. 뿐만 아니라 이런 것들은 가장 명료한 이해에 대한 동기가 부여되는 것이다. 교사가 만약 그가 최고의 성공을 평가받기를 원한다고 하면 그는 계속하는 도덕적인 성격에 대해 언급을 해야 하며 도덕적인 파장 고상한 감정을 자극하고 격려해야 할 것이다.

22. 이 도덕적인 가르침은 페스탈로치의 업적에 있어서 가장 두드러진 공로였다. 그리고 이것이야말로 모든 위대한 교사들의 업적을 이끌어 가는 특징이기도 한 것이다. 나라에 대한 사랑, 친구에 대한 사랑, 가장 고상하고 유용한 삶을 위한 열망, 진리를 위한 사랑, 이러한 것들이 우리가 호소하여 만들어 가야 할 모든 동기들이 되는 것이다. 만약 이러한 동기들이 학생들에게 있어서 결여되어 있다면 교사들은 이런 것들을 보다 강렬하게 불러 일으켜 주어야 하는 것이다.

자기 행위적 지성(The Self-Active Mind)

23. 그것은 지성적 능력이 그것들 자체의 길에서 가장 자유롭게

활동할 때만이 그 결과들이 확실하게 될 뿐만 아니라 영속적이라는 사실은 바로 이 모든 것들로부터 말미암는 것이다.

지성속에 무엇이 들어 있는지 또는 어떻게 작용하는지를 정확하게 이해하고 있는 사람은 하나도 없다. 그렇긴 하나 지성이 불완전하게나마 말과 또는 행위로 또는 우리들 자신이 의식하는 경험에 의하여 그것이 회고되는 것이라 생각하는 경우는 제외하고 말이다. 이는 마치 소화 기관은 그것들 자체가 스스로 작동을 해서 섭취하는 음식은 무엇이든지 씹어 소화시켜 분비하고 섭취하며 뼈와 근육 그리고 신경을 만들며 신체의 각종 피부와 여러 기관을 만드는 것과 같다고 할 것이다.

그와 같이 역시 최후의 수단으로써 마침내 지성은 외부의 도움 없이도 그것의 작용을 이행할 수 있을 때는 개념, 믿음, 목적, 그리고 모든 형태의 총명함과 특성을 빌딩을 건축하는 건축술처럼 그것을 이루어나가면서 그 기능을 수행해야 하는 것이다. 이것을 밀튼(Milton)은 다음과 같이 표현하였다. "지성은 그것 자체가 그것 자체 속에 머무는 곳이며, 그 지성 자체가 그 안에서 지옥을 천국으로 만들고, 천국을 지옥으로 만들 수 있는 것이다"[2]

24. 만약 지성의 독재성의 사실이 그와 같은 식으로 강조되었다면 그것은 교사의 사역 얕잡아 보려는 목적을 위한 것은 결코 아니다. 그러나 다만 교사의 사역에 모든 능력과 존엄을 부여하는 그 법칙을 보다 명확하게 밝히고자 하는 것이다. 그것은 그 교사들이 그의 학생들의 지성의 영적인 길목에 서서 과학의 전령관과 같은 희생적인 봉사자로서 자연으로 말미암는 실질적인 지도자로서 봉

---

[2] The mind is its own place and in itself can make a haven of hell, a hell of haven.

사하며, 그들의 사역에 그들의 지성을 사용하도록 촉구하며, 학생들 앞에 연구와 관찰을 할 수 있도록 그 사실들을 제공하며, 그들이 좁으나 의로운 길을 따라 가도록 그들을 인도하는 것이 곧 교사들의 사역이다. 그것은 교사의 연민, 보기를 듣, 감화를 줄 수 있는 모든 의미들, 감각을 통하여 알 수 있는 대상들, 이해력을 통해서 알 수 있는 사실들을 망라한 모든 수단을 총동원해서 학생들의 지성을 자극하며 그들의 사고를 일깨워 주는 것 이 또한 교사의 임무인 것이다.

25. 학생들에게 지나칠 만큼 대단한 도움을 주는 일은 삼가라고 한 우리들의 법칙의 주의사항은 그의 자신의 사역을 분명하게 보고 깨닫고 있는 그 교사에게 있어서는 필요없는 것이 될 것이다. 그의 엔진의 능력을 충분하게 알고 있는 노련한 엔지니어와 같이 그는 기계의 불가사의한 편안함과 그 기계들의 움직이는 힘과 기계의 화려한 움직임을 서서 지켜보면서 대견해 하는 편을 선택하는 것이다.

그것은 숙련되지 못한 교사는 그의 학생들의 사고 과정을 지켜보면서 지도하기보다는 오히려 끊임없이 그 자신의 소리로 일일이 누구든지 가르치기를 좋아하는 것과는 좋은 대조가 되는 것이다.

26. 이러한 사실들 즉 교사가 그가 가르치는 주제를 보다 철저하고 정확하게 알고 있어야 한다는 사실을 강하게 역설하는 이 법칙과, 첫 번째와 세 번째 법칙과의 사이에는 결코 의견의 차이가 없음을 이해해야 할 것이다.

학생이 그 자신의 활동과 노력으로 진지하게 배워가야 하는 그 학생에 대하여 가르칠 주제를 충분하고도 빈틈없이 이해함이 없이도 그 교사가 학생들의 학습과정을 시험하고 지도하며 확실하고 틀림없이 인도할 수 없는 것은 자명한 사실인 것이다.

학생이 공부를 하지 않으면 안되니까 교사는 부적당하게 알고 가르쳐도 괜찮다고 말하는 것은 이것은 마치 한 육군 대장이 전투에 직접 나가서 싸우는 것이 아니므로 전쟁터에 대하여 전혀 알 필요가 없다고 말하는 것과 조금도 다를 것이 없는 마찬가지다.

그처럼 우리가 말했듯이 학생이 그 자신을 위하여 그가 스스로 발견할 수 있는 것에 대하여는 어떤 것도 가르쳐 주어서는 안된다고 말한 법칙에 하나의 예외가 허용된다.

그것은 교사가 잠시 강의를 통해서 교사 자신의 보다 광범위하고 실질적인 경험을 토대로 하여 그의 가르치는 학생들에게 그들의 학습분야를 보다 넓고 풍부하며 분명한 견해를 인식시켜줄 경우가 바로 그것이다.

그러나 이러한 경우에 있어서 교사는 진실하게 가르쳐야 하는 것을 단순하게 한낱 말하는 것으로 대체시키지 않도록 주의하지 않으면 안된다.

이와 같이 교사는 어딘가 수동적인 청취에 빠져 있는 학생들을 격려하고 학습의욕을 촉진시켜 그들로부터 성실하고 진지하게 공부하도록 불러일으킬 필요가 있는 것이다.

27. 자연에 의하여 사람들의 지성을 분발케 하도록 사용되는 그 가장 중요한 자극제들에 관하여는 이미 언급한 바 있을 것이다. 그것들 모두는 항상 인간에게 말하고 있는 세계와 우주이며 그것들은 조용하나 그러한 끊임없는 질문으로 강렬하게 묘사되었다. 유년시대의 그 영원한 질문들은 이것들의 그 위대한 질문들의 실질적인 메아리와도 같은 것이다. 어떠한 질문도 불러일으키지 않는 사건이

나 또는 대상은 어떠한 사고(Thought)도 유발시키지 않을 것이다.
 그러므로 학습에 있어서 질문을 하는 것 곧 어떤 의문을 품는 것은 단순히 가르치는 도구의 하나가 아닌 것이다. 그것은 실질적으로 가르침의 전부인 것이다. 따라서 이것은 진리를 발견하는 일로서 그들 자신을 자극하는 유익한 일인 것이다. 교사들은 항상 자연스럽게 이와 같이 해야 할 것이다. 그러나 모든 질문이 항상 의문문의 형태를 가져야만 한다는 것은 결코 아니다. 그 강렬하고도 분명한 긍정은 의문의 모든 효과를 더욱 내게 될 것이다. 만약 그 지성이 그것을 포용할 경우에 그러하다. 이미 던진 질문에 답을 하는 반면 새로운 질문을 제기하도록 유도하는 대답을 주어야 하는 것이다.

28. 모든 것을 마무리짓는 모든 질문에 답하는 대답과 그 설명은 모든 사고도(All thinking) 끝맺게 하는 것이다. 한 진리가 분명하게 이해되거나, 또는 하나의 사실이 또는 하나의 원리가 확립된 후에도 그것들의 결과 및 적용, 용도는 아직도 새롭게 이해되어야 할 여지는 남아 있는 것이다. 보다 철저하게 연구된 모든 사실과 진리는 또 다른 새로운 의문을 유발하며 보다 새로운 관찰을 요하는 또 다른 사실로 이끌어 간다. 기민하고 민첩한 과학적 지성은 결코 어느 하나라도 묻고 대답하는 일들을 그만두거나 멈추게 하지 않는 것이다. 과학적인 정신은 지칠 줄 모르는 연구와 용의주도한 탐구정신이다.
 현재의 시대는 지금까지의 지나간 시대보다 과학과 예술의 발달면에 있어서 너무나 탁월하기 때문에 그것을 위대한 질문의 시대라 할 수 있는 것이다.

29. 그러한 세계의 경우와 같이 어린이의 경우도 마치 한가지이다. 그 어린이의 교육은 어린이가 질문을 하기 시작하면서부터 시작되는 것이다. 그것은 질문의 정신이 충분히 일깨워지고 성장하려는 질문의 습관이 보다 풍부하게 발달되었을 때에만 가르치는 과정 속에 비로소 보다 많은 강의계획을 실시할 수 있게 되기 때문이다. 참된 질문은 그것 자체가 머지않아 그 지성을 질문하는 만큼이나 만족스럽게 일깨워 주는 것이다.

사과가 떨어지는 무관심 할 그런 일들에게서 뉴톤(Newton)의 지성은 질문으로 작용하여 만유인력에 관한 질문을 품은 것이고, 끓는 차와 주전자는 왓트(Watt)에게 증기 기관의 문제를 제기하였던 것이다.

교사를 위한 규칙들(Rules for Teachers)

30. 다른 법칙들처럼 이것도 역시 교육에 있어서 실제적인 몇 가지 규칙들을 제시하고자 한다.

(1) 학생들이 노력하여 얻는 재능과 그들의 나이에 적합한 수업을 하여야 하며 연구 과제물도 주어야 한다.

매우 어린 어린이들은 그들의 감각에 호소하는 얼마간의 일에서 보다 큰 관심과 흥미를 얻을 수 있을 것이며, 그보다는 특별히 어떤 활동에 더욱 흥미로워 할 것이다. 그러나 그보다 성장한 아이들은 숙고하는 문제들과 추론을 끌어들여 더욱 흥미있어 할 것이다.

(2) 학생들의 필요와 환경에 관련된 수업을 선별해서 하라.

(3) 가르치려는 과목과 그 주제를 주의깊게 숙고하라. 그리고 당신이 가르치는 학생들의 생활과 어떤 접촉점이 있는가를 깊이 있게 찾아보라.

(4) 수업을 배당받았을 때 그 수업에 있어서 학생들의 관심과 흥미를 자극시켜라. 그때에 어떤 설명이나 질문을 사용할 수 있을 것이다. 공부를 철저하게 하면 무엇인가 알만한 가치가 있는 것을 얻을 수 있음을 암시하고, 반드시 무슨 진리를 발견했는지 질문하라.

(5) 교사인 당신 자신이 때때로 당신의 학생들 가운데 한 사람 학생의 위치에다 당신 자신을 놓아 보라. 그리고 어떤 사실이나 또는 원리를 그들과 함께 찾아 보라.

(6) 교사인 당신은 자기 자신을 잘 표현하지 못하거나 서툰 질문을 하는 그 학생을 위하여 기다려 주지 못하는 당신의 성급함과 학생들의 말을 가로채서 자신의 입으로 해버리는 경향이나 그 성급함을 결코 억누르라. 만일 그렇지 않으면 당신이 시간을 주었더라면 대답할 수 있었을 것이라고 느낄 것이며 학생은 매우 불쾌하게 여길 것이다.

(7) 모든 학급의 활동에는 항상 끊임이 없는 신선한 관심과 활동을 자극하는 일을 하려고 노력하여야 한다. 그 학급의 수업시간 밖에서 학생들 스스로 조사하고 연구하여 볼 수 있는 학생들을 위한 질문으로부터 시작하라. 수업에 있어서 신선한 질문을 정점에 이르게 하지 못한다면 그 수업은 결국 잘못 끝내게 된다.

(8) 교사는 학생 한 사람 한 사람을 그들이 배우고 있는 수업에서 그들의 지성이 방황하지 않고 왜곡적으로 잘못되어 가는 그들의 활동을 금하도록 하기 위하여 그들을 보고 관찰하라. 즉, 당면한 과제에서 벗어나 있는 활동을 금하기 위하여 저들의 지성을 관찰하라.

(9) 교사가 헤아려야 할 그것은 교사인 당신의 학생들의 지성

을 일깨우는 일이 가장 중요한 의무라는 사실이다. 그리고 각각 어린이가 질문을 하고 그 대답을 절실하게 바라는 그들 마음을 행동으로 나타내 보여줄 때까지는 교사인 당신은 휴식하지 말라.

(10) 교사인 당신이 가르치려고 하는 수업이나 또는 주제에 관하여 당신이 알고 있고 생각하고 있는 그 모든 것을 말하려는 욕구를 억제하라. 만일 교사인 당신이 어떤 예화나 설명을 통해서 어떤 것을 말하려고 한다면 부디 그것을 하나의 신선한 질문으로부터 출발하라.

(11) 학생들의 생각이 활동적이고 능동적으로 움직인다고 확신될 때 교사인 당신은 그 후에 학생들에게 생각할 수 있는 충분한 시간적 여유를 주라. 그리고 학생들이 난처해 할 때 알고자 하는 질문을 하도록 그를 격려하여 주라.

(12) 학생들이 말하는 그 질문에 대하여 교사인 당신은 재빨리 대답하지 말라. 그러나 문제를 다시 말하라. 그리고 학생들에게 큰 힘과 넓이(breadth)를 주고, 간혹 보다 새로운 질문을 해서 보다 깊고 정당하게 생각할 수 있도록 하라.

(13) 학생들이 무엇? 왜? 그리고 어떻게?―즉 그들이 배운 사고하는 원리들, 또는 모든 사실들의 방법, 그리고 성질이나 원인을 질문하는 방법을 가르치고, 또한 어디서? 언제? 누구에 의하여? 그리고 그것이 무엇인가?―즉 사건의 장소, 시간, 대상 및 결과를 질문할 수 있도록 가르치라.

(14) 암기는 한 주제를 다 써버리지 않도록 해야 할 것이다. 다시 말하면 암기는 지나치지 않을 정도로 해야 한다. 그러나 학생들의 노력 분투와 그들의 사고를 자극하게

하는 부가적인 일을 주어야 한다.

위반 사항 및 잘못들(Violations and Mistakes)

31. 많은 교사들이 이 규칙들을 무시하고 쓸만하게 여김으로서 그의 반에 있어서 모든 학생들의 중요한 흥미를 죽여 버리며 그가 어떻게 그것을 그렇게 하였는지 조차도 의혹하게 되는 것이다.

(1) 교육에 있어서 이 법칙의 가장 주요하고 거의 끊임없는 위반 사항은 다른 것에 있다기 보다는 단순히 설명만으로 수업을 강행하려는 시도에 있다. "내가 너에게 열 번이나 더 설명했다. 그래도 너는 그것을 알지 못하느냐!"고 이러한 교사들은 절규하는 것이다.

교사가 그렇게 되는 이유는 안다는 것은 단순히 듣는 것에 의하여 되지 아니하며 사고에 의하여 되어진다는 사실과, 말했던 것에 의하지 않는다는 것을 기억하고 있지 아니하기 때문인 것이다.

(2) 그것은 머리속에 전혀 지탱할 수도 없고 지키지도 못하는 기억을 불평하는 것은 또 다른 하나의 실수인 것이다.

만약 사실이나 원리들을 기억하려고 한다면 그것들을 배울 때 그것에 집중하며 주의깊게 배워야만 하는 것이다. 그리고 그것을 기억하기 위하여 의식적으로 노력하여야 하는 것이다. 또 다른 하나의 실수인 것이다. 만약 사실들이나 원리들을 기억하려면 그것들을 배울 때 그것에 집중하며 주의깊게 배워야만 하는 것이다. 그리고 그것들을 기억하며 주의깊게 배워야만 하는 것이다.

(3) 위반사항의 셋째는 교사들이 학생들이 배우는 책의 쓰인 말을 즉각적이고 재빠르게 그대로 암기하고, 그것을 신속

하게 요구하는 처리로부터 오는 잘못된 법칙에 익숙해 있는 것이다. 그리고 만약 그 반에서 하나의 질문이 주어졌을때 학생들에게 사고할 수 있는 시간을 주기를 거절하는 것이다.

만약 사고의 결핍이나 멈춤 그리고 주저함과 또는 암기를 아니하므로 주저와 사고의 결핍을 초래한 것은 오늘의 그러한 열매들을 맺게 한 어제의 가르침에 있어서 결점이요 잘못들인 셈이다. 다시 말하면 어제의 교육에 있어서 잘못된 결점들은 오늘에 있어서 무수한 결점들과 잘못으로 나타나는 것이다.

그러나 만약 그것이 학생들의 사고력이 느려서 비롯된 것이거나 그 결과 비실제적인 성격에 의존하여 생각없이 수업에서 가르치며 이처럼 서두르는 것이다.

우리는 어떤 점에서는 그 소중하고 중대한 수업을 통하여 배우는 그 대신에 우리들은 그것을 다만 재빠르게 암송하기 위하여 그것을 배우기에 최선을 다할 뿐인 것이다. 만약 이러한 특질적인 결점이 우리들의 학교 생활에서 보편적으로 행해진다고 한다면 그들이 주일학교에서 얼마나 더 진지해 질 수 있겠는가?

만일 주일학교의 수업에 있어서 가장 큰 과제가 있다면 학생들의 생활이 그들의 종교적 믿음의 사고 안에서 그들을 지혜롭게 하고 또한 그들의 사고를 보다 높게 승화시키고 순결하게 하는 일을 항상 미결인체 뒤로 미루고 있는 사실일 것이다.

그렇다고 할 때 그 가르침은 한낱 단순히 아는 것을 말하는 것이 되어서는 결코 안되는 것이다. 도리어 정규학교에서 사용하는 방법보다 더 좋은 방법에 의하여 성취시키지 않으면 안되는 것이다.

32. 이 위대한 교육의 법칙이 올바르고 적절하게 이해되고 이에 따르게 될 때에 그 결과는 얼마나 다를 것인가!

자극을 받은 자기 활동이 정확하고 올바른 태도로 작용하게 될 때 그러한 교실은 그 힘으로 하여금 교실은 분주한 실험실로 변화되고 마는 것이다. 학생들은 사고하는 사람들 곧 발견자들이 되고 마는 것이다.

그들은 위대한 진리들을 구사할 수 있는 사람들이 되고 삶에 있어서 그 위대한 질문들에 대하여 그것을 적용하게 되는 것이다. 그들은 지식의 새로운 분야들을 공략해 들어간다. 교사는 바로 그러한 전진들을 인도할 따름인 것이다. 그들의 정찰은 하나의 정복으로 되어 가고, 그들의 연습과 함께 기술과 힘이 성장하는 것이다.

이 과정을 통하여 학생들은 무엇인가를 발견하게 되며 그들의 지성은 무엇을 위하여 사용하여야 하는가를 발견한다. 어디 그 뿐인가. 비로소 그들은 삶의 학생들로 되어 가는 것이다.

7 학습과정의 법칙
The Law of the Learning Process

1. 우리는 이제 교사들의 입장으로부터 배우는 학습자들에게로 옮겨가야겠다. 우리는 지금까지 교사들의 존재의 핵심과 그들의 가장 중요한 사역은 학생들의 자기 활동을 인도하고 일으키는 일이었음을 보아 왔다.

이제 우리가 숙고하여야 할 학생들의 일은 공부할 때 그와 같은 자기의 활동들을 사용하는 것에 관한 것이다. 가르치는 것과 배우는 것에 대한 법칙들은 똑같은 법칙의 각기 다른 국면일 뿐이라고 처음엔 보여지겠지만 그러나 그것들은 실제로는 아주 다른 별개의 것임을 알아야 할 것이다. 그 하나는 가르침을 받는 사람, 즉 학습자의 일에 관한 것이다.

가르치는 과정1)에 관한 법칙은 그 의미들이 자기 활동들을 일깨워주는 모든 수단들을 포함하는 것이고 학습과정의 법칙이 결정지어줄 태도는 바로 이러한 활동들이 결정하여 주게 될 것이다.

2. 만약 우리가 어린이가 공부할 때를 관찰해 보고 그 어린이가

---

1) Teaching Process.

무엇을 하는가를 주의깊게 주목하여 본다면, 우리는 그것이 다만 집중하려는 노력에 불과하거나 또는 그 어린이 자신의 능력을 목적도 없이 발휘하려는 막연한 것이 아님을 쉽게 볼 수 있을 것이다. 오히려 그 어린이가 갖추어야 하는 필수적인 것임을 알게 되는 것이다.

우리가 그들 어린이들에게서 성취되어야 할 것이라고 생각하는 한 분명하고도 별개의 독특한 행동이나 또는 과정이 있는 것이다. 그것은 그 어린이가 자신 안에 가지고 있는 지성으로부터 그 자신의 능력을 구사하여 그가 공부하는 학과에 있어서 원리나 그 사실들의 진정한 개념을 형성시키는 것이다.

바로 이것이 교사와 학생이 모두 분투 노력하므로 추구하지 않으면 안되는 그 목적인 것이다.

그런고로 학습과정의 법칙에 대하여 이와 같이 말할 수도 있을 것이다; 학생은 배우게 될 진리를 그 자신의 머리속에 재현시켜야 한다.2)

3. 앞에서 토의된 그 법칙들은 교사들이 주된 관심의 대상들이었다. 이제 우리들 앞에 관계된 관심의 주된 법칙은 역시 학생들인 것이다.

이것은 학생들이 공부할 때 그들을 안내하여 주지 않으면 안되는 원리들을 보여 주며 어떤 견해에로 이끌어 오게 하는 것이며, 그리고 그것은 가르치는 교사들이 강조하고 역설하며 실행하는 것이다. 어디 그 뿐인가. 교사들이 어떻게 가르치는가 하는 법을 가르쳐 주며 또한 그 학생들이 어떻게 공부하여야 하는가 하는 법을 말하여

---

2) The pupil must reproduce in his own mind the truth to be learned.

주는 것이다.

이 법칙의 철학(The Philosophy of the Law)

4. 우리가 말하여 온 것은 가르친다는 것이란 다만 교사들이 소유한 지식의 내용들을 학생들 앞에 부어넣는 것은 결코 가르치는 것이 아니라는 사실이다.

그것은 이제 진정한 배움에 대하여 주의를 돌리게 하는데 그 진정한 배움이란, 교사들의 말이나 생각을 메모하고 반복하는 것이 결코 아니라는 사실을 지적하지 않을 수 없는 것이다.

교육의 일이란 일반적으로 이해되고 있는 것과는 반대로 그것은 교사들의 일이라기보다는 도리어 학생들이 해야 하는 일인 것이다. 바로 이러한 생각은 이같은 논의에 앞서서 충분히 토의된 것이었지만 이 생각은 다시 여기서 기본적인 것으로 재확인 된 것일 뿐이다.

5. 우리는 하나의 진리에 대하여 그것을 원시적으로 발견하는 것과 다른 것들로부터 그것을 배우는 것과의 사이를 식별해야 할 것이다.

발견이란 통상적으로 더디고 시험적이며 힘드는 독창적인 조사연구와 용의주도한 탐색의 과정들에 의하여 만들어지는 것이다. 그런가 하면 배움이란 빠르고 보다 쉬울지도 모르는 해석이란 과정을 통해서 이루어진다. 하지만 그럼에도 불구하고 거기에는 공통점이 많기도 하다. 배우는 사람은 그가 배운다는 사실에 대하여 그 자료들의 일부를 재발견하는 것이다. 실제적인 배움이 아닌 것은 다른 사람들의 사고를 전적으로 되풀이하는 것이다.

발견자들은 크고 충분한 사실들을 다른 사람들에게 알려 주고, 학생은 그 자신의 경험으로부터 무엇인가 연구를 더 하여야 하고 주의를 돌려야만 하는 것이다. 탐색하는 사람들은 다른 사람들의 손을 통하여 이루어 놓은 것들에만 의존하여 다만 수동적으로 배우는 사람에 불과할 것이 아니라 지식의 그 분야에서 한 독자적이고 자주적인 연구자가 되어야만 하는 것이다.

독창적인 연구자와 그리고 학생 이 양자는 새로운 사실들과 원리들을 보는 자들이어야 하고, 두 사람 다 그것들의 분명하고도 별개의 뚜렷한 개념들을 얻는 것을 목표로 설정하여야 하는 것이다. 이것은 학생이 하나의 연구자가 되는 데 있어서 하나의 필수 불가결한 사실이다.

6. 바로 이 법칙의 충분한 의미를 정확하게 보고 올바르게 이해하기 위하여 여기서 주의깊게 주목해야 하는 학습과정의 여러 가지 측면들이 있다.

(1) 한 학생은 때때로 배우는 그 학과를 공부할 때 한마디 한마디씩 축어적으로 반복하거나 또는 암송했으면, 그리고 그것을 헌신적으로 기록해 두었으면 배울 것을 다 배웠다고 공부를 다 했다고 말한다.

실제로 이것은 많은 학생들에 의하여 꾀하여 지는 것이거나 또는 학생들이 축어적으로 말하나 틀리지 않고 말을 재생시키면 각각 교사로서는 그들의 사역을 다하였다고 생각하고 있는 그 교사들에 의하여 실제로 요구되는 사실이기도 한 것이다.

그러나 만일 이것이 배움의 전부이며 이런 것들이 발붙일 수 있도록 한다면 교육이란 너무나 값싸고 쉬운 볼품없는 것이 되고 말 것이다.

(2) 그것은 또한 역시 그 학생이 사고에 대하여 어떤 이해를

가지게 될 때에 그것은 다만 말을 암기하는 것에 비하여 한 분명한 진보가 이루어진 것이다.

그것은 그만큼 보다 좋은 것이기도 하다. 하지만 많은 교사들이 그러한 생각에만 집착하는 유혹을 받고 있으며, 결국은 그들 학생들에게 그것을 구입하려는 위험에 직면하여 있는 것이다.

성경에 있는 한 과목을 가르침에 있어서 많은 경우들에 있어서 이러한 위험을 내포하고 있는 것이다. 그것은 그 말씀들을 암기해야 하고 또 그것을 이해하고 알아야 하는 중요성이 있는 때문이다.

(3) 그것은 학생들이 그의 사고의 의미를 손상함이 없이도 그 자신의 말 또는 다른 말들로써 정확하게 새길 수 있다면 그것은 더욱 좋은 것이다. 이것을 할 수 있는 학생이면 한낱 단순히 배운다는 사실을 넘어서 있는 것이며, 그 학생 자신이 발견자의 자세에 자기 자신을 놓고 있는 것이다. 뿐만 아니라 그는 다른 사람들의 생각뿐만 아니라 자기 자신의 생각들을 다루기를 배운 것이다.

유능한 교사는 이것을 기억하여 둘 것이고, 표현상의 있을 수 있는 미숙한 점은 이해를 하고 넘어가면서 보다 정확한 말로 표현할 수 있는 수단으로 사용될 보다 정확한 사고를 하도록 학생들을 보다 적극적으로 격려할 것이다.

(4) 학생은 그가 공부하는 진술의 증거를 찾기 시작하면서부터 보다 더 큰 진보를 하게 됨을 볼 수 있다.

누구든 한 사람 그가 믿는 것들을 위하여 보다 예리한 추리력 또는 판단을 주었다면 믿고는 있으나 그 이유를 모르는 학생보다 강력한 믿음을 소유한 것과 마찬가지로 보다 좋은 학생임은 물론이거니와 왜?를 알고 있지 못한 학생은 불행한 것이다.

보다 진정하고 실제적인 학생은 증거를 찾는다. 그리고 자연을 공부하는 학생의 가장 큰 부분의 일은 그가 발견하는 그 모든 사물들을 실험하는 것일 것이다.

성경을 공부하는 학생은 이것들이 과연 그러한가를 그 자신을 위하여 상고하고 발견해야만 하는 것이다. 심지어는 아무리 어린 학생이라 할지라도 만약 어떤 진리에 대한 한 이유를 볼 수 있게 된다면 더욱 그것을 강하게 붙들고 자기의 만들 것이다. 증명을 위한 탐색에서 학생들은 마치 산에 높이 오르면 오를수록 항상 아름답고 멋진 경치와 드넓은 전경을 발견하게 되는 등산가처럼 그가 연구하는 과정에서 수많은 지식과 만나게 되는 것이다.

바로 그 학생이 종사하고 있는 그 특정한 문제는 진리라고 하는 그 거대한 왕국의 한 부분임을 보게 되는 것이다.

(5) 배움에 있어서 한층 더 차원 높고 보다 효과가 큰 단계는 지식의 적용과 용법의 연구에서 기초를 마련하는 것이다.

배움이라는 그것이 충분하게 이루어지기까지는 자연과 삶의 그 거대한 움직이는 기계와 관련을 맺고 있지 않으면 아니된다. 어떤 점에서는 그것은 배움이 아니라 할 수 있을 것이다. 모든 사실들은 그것들이 삶과 관련을 형성하고 있으며 모든 원리들은 그것들의 적용하는 부분이 있는 것이다. 이것들을 알기 전까지는 사실들과 원리들은 헛된 것에 지나지 않는 것이다.

우리는 우리들의 지식을 어떤 사고와 삶의 실제적인 목적에 적용하기 전에는 실질적인 관계와 모든 사실들 뒤에 자리잡고 있는 그 힘을 결코 진정으로 확실히 이해되어 질 수 없는 것이다.

학생이 그가 배운 것을 무엇인가를 위하여 쓸 수 있는 용도를 찾았다면 그는 그의 학교의 공부에 있어서 두 배로 관심 있어지고 흥미로워지게 되며 성공적이게 된다. 무엇인가 그에게 쓸모없던 지식이 실제적인 지혜로 되는 것이다.

7. 학습의 과정이란 이러한 마지막 단계에 도달하게 되기 전까지는 결코 완전하여 질 수 없다. 다른 단계들은 학생들이 그들의 공부를 진행해 나아감에 따라 그들의 이해를 조명하여 주지만, 그러나 우리들의 학습과정의 법칙은 이 마지막 단계를 절실하게 강요하며 이 목적을 향하여 때때로 교사들과 학생들의 끊임없는 관심과 집중적인 노력이 쏟아져야 하는 것이다.

8. 보다 진지한 학생은 이러한 단계들의 의미에 의하여 그의 공부와 함께 그 자신도 깨우치고 진전하고 있음을 그 가능성을 보게 된다.

그는 이러한 것들을 질문한 것이다. 이 학과에서는 무엇을 말하고 있는가? 또 그것들의 의미는 과연 무엇인가? 나는 내 자신의 말로써 이 의미를 어떻게 표현할 수 있을까? 이 학과가 나에게 말하여 주는 것을 나는 믿고 있는가? 그렇다면 그 이유는 무엇인가? 그것의 좋은 점은 무엇인가 즉 얼마나 많이 나는 그 지식을 유용하게 쓰고 또 적용하는가? 그것이 진정 주는 것은 무엇인가?

9. 많은 학과들이 이러한 포괄적인 이해를 통하여 배우게 되지 않는다는 것은 옳은 사실이다.

그러나 이것은 어떤 학과도 그처럼 숙달하고 그처럼 이해하기 전까지는 실질적으로 배운 것은 그 과목이 아니라는 사실을 변경시키지는 못할 것이다.

이 법칙의 한계들(Limitations of the Law)

10. 우리는 이 수업의 법칙에 있어서 두 가지 한계점들에 대하여 생각할 것이다.

첫째는 학생들의 그 나이에 따른 행동에 관한 것이다. 그것은 곧 매우 어린 아동들의 지적인 활동들이 그 감각과 깊은 관계를 갖고 있다는 사실을 기억해 두어야 한다는 사실이다.

그들의 한 어떤 학과에 대한 지식은 그들의 눈에 띄는 그 사실들에만 크게 한정된다든지 또는 그 감각기관에 설명이 되는 것들인 것이다. 얼마 후면 보다 활동적이고 모험적인 기업을 운영하려는 학생들의 그 능동적인 욕구를 그들의 훈련에 있어서 쓸모있게 이용할 수 있을 것이다. 성장이란 무엇에 또는 어떤 정도로 접근하여 가는 것으로, 젊은 사람들 보다 사고하고, 무엇에 관하여 후회하고, 그들에게 있어서 가장 매력적인 학과들은 이유를 밝히며 결론을 주는 것들이다.

11. 다른 또 하나의 한계점은 인간 지식의 여러 가지 다른 분야들과 관계하고 있는 것이다. 지식의 개개 분야에 있어서 저마다 별개의 명료한 증거와 적용할 분야가 있으며, 그러므로 학습과정의 법칙의 운영은 어떤 상황을 만났을 때 변화를 주어야 할 것이다.

머리가 좋은 유능한 교사는 이러한 것들의 상이점들을 발견하게

학습과정의 법칙   141

될 것이고, 그 각각에 대한 성공적인 독특하고 고유한 상황을 발견하여 낼 수 있을 것이다.

12. 헤르만 크루시(Herman Krusi)는 가장 훌륭한 교사들 가운데 한 사람이다. 왜냐하면 그는 어린이에 관하여 가장 동정심이 많은 연구가 중에 한 사람인 까닭이다.

그는 말하기를 "모든 어린이들은 내가 나의 모든 생애를 사는 동안 관찰한 바에 의하면 그들 깊숙한 속사람으로부터 생겨난 것 같은 창조적인 것을 보는 확실히 주목할만한 탐구적인 기간을 거쳐 지나간 것을 보았다. 각자 어린이가 혀짜래기의 말과 말을 더듬는 초기 단계를 거쳐 지난 후에 말을 하게 되는 단계에 이르고 탐구적인 질문을 하게 되는 기간에 이르게 되면 그는 모든 새로운 현상들에 대한 질문을 되풀이 반복하게 된다. '저게 뭐야?'라는 수없는 질문을 반복하는 것이다. 그가 그 질문에 대한 대답으로 사물들의 이름을 듣게 되면 그는 보다 더 알지 않아도 되는, 만족하게 되며 그는 더 이상 물어 보지 않을 것이다. 수개월이 지난 후에 그것들의 외양으로부터 두 번째 상태를 만든다. '그것들 안에 무엇이 들어 있어?'라고 질문함으로서 그 첫 번째 질문으로부터 그 어린이는 성장한 두 번째 질문의 단계에 와 있음을 분명히 한다. 이러한 질문들은 나를 대단히 흥미롭게 했고 그래서 나는 무척 많은 시간들을 그것들을 숙고하는 일에 쏟았다. 결국 나에게 분명하게 된 것은 그러한 어린이는 자신의 사고능력을 개발하기 위하여 가장 적절한 방법을 발견했다는 사실이었다."

크루시(Krusi)의 문제의식들은 주로 성장과 교육의 첫 번째 기간에 속하는 것들이다. 그 후의 더 늦은 기간들에 있어서는 또 다른 질문들이 제기되는 것이다.

교사들과 학생들을 위한 실제적인 규칙들(Practical Rules for Teachers and Learners)

13. 이 법칙으로부터 이어 따라오는 그 규칙들은 교사들과 배우는 학습자들을 위한 쌍방에게 모두 유용한 것들이다. 이에 주의할 것이다.

(1) 자기들이 하여야 하는 공부에 있어서 보다 분명한 개념을 형성하도록 학생을 도와주라.

(2) 그의 과목에서의 단어들은 주의깊이 정선된 것이라는 사실에 대하여 그를 주의시킴으로써 그들이 그것들의 독특하고 고유한 의미를 파악하게 하고 그 의미들의 중요성을 깨닫게 하라.

(3) 학생들에게 보통 통상적으로 말해진 것들보다 말한 것들에는 보다 은연중에 함축된 그 이외의 의미가 있음을 나타내 보여주라.

(4) 학생이 그가 배운 과목의 의미 그것을 이해하도록 그 자신의 말들로 표현하게 해 보며 그가 그 전체의 사상을 파악할 때까지 그것을 지속시켜라.

(5) 학생들이 자기 의견들에 대한 이유를 듣게 되리라고 생각되기까지는 '왜'라는 이유를 계속 질문하게 하라. 그러나 학생에게 그가 공부하고 있는 자료의 성질에 따라 이유들도 달라져야 한다는 사실을 분명히 이해시켜야 한다.

(6) 학생을 하나의 자율적인 연구자로 향하게 만들어라. 자연과 진리를 탐구하는 학생으로 만드는 것을 목표로 삼으라. 더욱 학생 안에 탐구하는 습관을 배양시켜 주어야 한다.

(7) 학생들이 그들의 능력이 허락하는 한까지 학생들의 진리

에 대한 사고를 배운 대로 재현되는가를 시험하여 보도록 그들을 도와주라.
(8) 학생들 속에 진리를 위한 그 심오한 간구가 고귀하고 영속적인 어떤 것임을 끊임없이 발전시켜라.
(9) 학생들에게 외형을 꾸미는 위선과 기만, 그리고 궤변들, 그것들을 결단코 피하라고 가르쳐라.

위반 사항들과 잘못들(Violations and Mistakes)

14. 학습과정의 법칙에 있어서 위반 사항들은 어쩌면 우리들의 학교 수업에 있어서 가장 공통적이며 가장 치명적인 것들이다.

배운다는 일은 학교 수업에 있어서 심장부와도 같은 것이다. 그러므로 그 하나의 실패는 곧 모든 것에서의 실패와도 같은 것이다. 지식은 끝없이 많이 그리고 가장 매혹적인 외양을 지니고 학생들 앞에 놓여지게 될지도 모른다. 또한 교사들이 아낌없이 강의를 쏟아 놓을지도 모른다. 그리고 학업은 가장 절박한 호소력을 가진 모든 압박하는 분위기 아래에서 배워지고 암기되거나 가장 효율적인 훈련이 가해질런지는 모르겠다.

그러나 분명한 것은 만일 이 법칙에 따라 하지 않는다면 그 성과들은 그 목표에 미치지 못하고 말 것이다.

보다 공통적으로 범하는 잘못들 몇 가지를 열거해 보면 이것들은 다음과 같은 것들이다.
(1) 학생들은 지식, 사고에 보다 명료하게 되는 것에 나쁜 결과를 즉 실패함으로서 불완전하고 지극히 단편적으로 이루어진 그 지식, 사고에 지배되어 석양에 비치는 황혼처럼 희미한 가운데 치우쳐 있다.

계속 앞으로 나아가려고 하는 그 성급함이 종종 생각할

수 있는 시간을 빼앗아 가는 것이다.
(2) 교재의 언어가 학생들에게 있어서 지나치게 주장하는(역설적) 강조적인 것이어서 학생은 오히려 자기 자신의 표현하는 능력을 훈련하고자 하는 적극적인 자극도 받지 못하는 것이다. 그리하여 그 학생은 그 말이 모든 것이지 그 의미도 없다는 생각을 하도록 유도되는 것이다.

종종 학생들은 기하학의 논증들을 마음에 두어 배우거나 하지만 그것들의 의미가 무엇인가 많은 것을 이해하려고 의심해 보지도 않는다.
(3) 학생들에게 창조적인 사고를 역설하도록 하지 못한 실패는 우리들 학교들의 큰 공통적인 흠3)들 가운데 하나인 것이다.
(4) 때때로 추리력이나 판단력도 없이 그 수업에 있어서 지론을 묻는다. 종종 아무런 이유도 과목의 설명에서 찾지 못할 때가 있는가 하면 그 대답도 선명하게 주어지지 않는다. 학생은 다만 뭔가 그 책이 말하는 대로 믿을 뿐이다. 왜냐하면 그것을 책이 말하고 있기 때문이다. 다시 말하면 학생은 책이 말하는 것을 그저 믿을 뿐이다.
(5) 실제적인 적용은 집요하게 태만하게 했다. 이 때문에 그 학과가 사용될 용도가 있다는 사실이 학생들의 마음에 기억될 이유가 없는 것이다.

실제적으로 쓸모있는 학습이라야 학생들의 마음에 파고들 수 있는 것이다.

---

3) The must Common faults.

15. 가르침에 있어서의 이러한 잘못들이 주일 학교보다 더 빈번하게 일어나고 보다 더욱 심각한 곳은 아무 곳에도 찾아볼 수 없는 것이다. '항상 배우나 진리의 지식에 이르지 못한다.'4)고 하는 말이 수많은 교회의 주일학교 수업의 슬픈 현실을 잘 말해 주고 있는 것이다.

만일 그 수업들이 우리들의 법칙의 처방대로 가르쳐지기만 한다면 그 결과는 아주 판이하게 다를 것임은 명백한 일이다.

---

4) Always learning, but never able to come to a knowledge of the truth.

8 복습과 적용의 법칙
The Law of Review and Application

1. 교수의 과정이 완전하게 끝났다고 가정해 보자. 교수와 학생들이 함께 만나서 그들의 일을 같이 행한다. 언어는 생각을 가져다 주며 실례의 예증과 함께 이해와 말하게 되는 것을 돕는다. 지식은 학생들의 머리속에 사고를 통하여 받아들여졌고 그것이 크거나 또는 작거나 그 정도의 차이는 있으나 완전하게 정착되어 생각을 공급하며, 행동을 수정 또는 한정하고 인도하며, 하나의 인격을 형성시키는 것이다. 무엇이 이에서 보다 더 필요하겠는가?

이것으로서 교사들이 하여야 하는 일들이 모두 끝난 것으로 여길 듯 하다. 그러나 아직도 가장 힘들고 어려운 일이 남아 있다. 성취된 모든 것들과 학생들의 머리 속에 감추어져 자리잡고 있는 모든 것들이 모두 그 속에서 소유한 것이라기보다는 오히려 하나의 잠재력으로써 자리 잡고 있다.

이제껏 발전되어온 사고 능력을 행동적인 습관으로 바꿀 수 있는 과정은 과연 어떠한 것일까? 이제껏 얻은 개념들을 영속하는 이상적인 사고의 틀에 부어 하나의 형태를 구성할 영향력은 과연 무엇일까?

148 탁월한 교사론

그것은 우리들의 일곱 번째이자 마지막 법칙은 바로 이 마지막이자 최종적인 일을 위하여 있는 것이다. 이 법칙은 결심들을 보다 확실하게 하며 완숙하게 하는 것이다. 이 법칙은 다음과 같이 표현될 수 있을 것이다; 가르치는 일의 완성과 그 일의 시험과 그리고 확인은 복습과 적용에 의하여서만 되어져야 하는 것이다.[1]

2. 이 법칙이 요구하는 설명은 복습의 주요 목적들을 다음과 같이 내포하고 있다. 첫째, 지식을 완전하게 하기 위하여 둘째, 지식을 확실하게 해주며 그리고 셋째, 이 지식을 능란하고 즉각적으로 유용하게 사용하도록 되게 한다는 것들을 그 범주 안에 포함하고 있다.

이러한 세 가지 목적들은 사고 또는 이상에 있어서 별개의 뚜렷한 성질을 갖고 있음에도 불구하고 사실상 똑같은 과정에 의하여 확보되는 것과 같은 사실로 서로 긴밀하게 연결되어 있는 것이다. 그것은 이 복습의 법칙의 가치와 중요성을 지나치다 할 만큼 과장하기란 힘든 일이다. 복습에 사용되는 시간보다 보다 유익하게 사용되는 교육시간은 없는 것이다. 다른 것들은 동등하지만, 유능하고 가장 성공적인 교사는 그의 학생들로부터 가장 빈번하게 그리고 흥미진진한 복습을 철저하고도 완전하게 이끌어내 주는 것이다.

이 법칙의 철학(The Philosophy of the Law)

3. 그러므로 복습은 반복 이상의 것이다. 하나의 기계는 어떤 반복과정을 통해서 할 수는 있지만, 그러나 오직 지능적인 개체만이 그 과정을 복습할 수 있다. 하나의 기계에 의하여 반복된 행동은

---

[1] The Completion test and confirmation of the work of teaching must be made by review and application.

첫 번째와 꼭 같은 두 번째의 적확한 바로 그대로의 운동이다. 지성에 의하여 행하여진 하나의 반복은 하나의 어떤 사고를 생각하여 내는 것이다. 그것은 필연적으로 하나의 복습이다. 그러나 그것은 그보다 이상의 것이다.

그것은 신선한 개념작용과 새로운 연관을 포함하는 것이며, 재능과 능력의 증가를 가져오는 것이다.

4. 복습은 학습 내용들을 한낱 단순한 말로 반복하는 것으로부터 또는 어떤 사실과 관용구의 배경은 팽개쳐버린 채 빠른 속도로 힐끗 보고 지나치는 것, 또는 모든 분야를 보다 분명하게 재조사하고 철저하고도 완전하게 되새겨 보는—처음의 검토는 그 지역을 충분한 힘으로 점거하기 위한 하나의 예비조사일 뿐이며, 그 이후 전군의 완전한 장악에 이르기까지의 완전도와 철저함의 여러 다른 계층들을 말하는 것이다.

가장 단순한 복습은 대부분은 반복이다. 마지막이자 그리고 완전에 가까운 복습은 이미 배운 학과의 철저한 재연구이어야 하는 것이다.

5. 하나의 부분적인 복습이라면 단 하나의 교훈을 붙잡아도 무방하다. 또는 그것은 어떤 주제의 단 하나의 제목을 붙잡는 것을 포함하여도 좋다. 단 하나의 사실 또는 원리의 새로운 발전 과정이나 어떤 사건을 상기한다든지 또는 어떤 어려운 요점이나 질문을 되새겨 상기하는 것을 포함하는 것이다.

그와는 달리 완전한 복습은 아주 조금뿐인 몇 가지 일반적인 질문들로부터 전반적인 분야에 이르기까지의 전반적인 복습이 되는 것이다. 또는 그것은 전반적인 분야에 있어서의 충분하고도 최종적인 재검토인 것이다.

　이와 같은 각각의 복습은 그 나름대로의 위치와 용도를 가지고 있는 것이다. 우리들은 우리의 이 논의에서 교육이 교사의 직접적인 지도아래 이루어졌든지 아니면 학생들 자신에 의하여 자발적으로 이루어졌든 지를 불문하고 복습이 없이도 교육이 완전하게 이루어질 수 있다는 생각이 얼마나 잘못된 것임을 볼 수 있을 것이다. 과연 그러하다. 어떠한 교육도 복습이 없이는 완전할 수 없다는 사실은 명백한 것이다.

　6. 하나의 새로운 교훈이나 신선한 화제는 결코 처음부터 그것 자체의 모든 것을 들어내지는 않는다. 처음부터 저절로 깨닫게 되지 않는 것이다. 그것은 주의력을 산만하게 하며 그것들의 색다른 것으로 마음을 현혹시킬 수 있는 것이다.

　우리는 언젠가 이상하고 별스러운 집에 들어가면 그러한 여러 개의 방들이 어디에 있는지는 보아 알려고 하지는 않고 어쩔줄 몰라 쩔쩔매며 보다 이상야릇하고 독특하며 꿰찌르듯 현저하게 뛰어나는 장식품들이나 가구 등 소수의 것에 우리의 주의력을 둔다. 우리는 그러나 다시 또 다시 돌아보아야 하며, 그 보다 앞서서 건물의 전체적인 계획과 여러 개 되는 그 방들의 용도와 가구들의 쓰임새와 그 서있는 위치 등을 분명해질 때까지 그 장소를 눈에 친숙하게 익혀가며 그 곳을 재차 조사하여야 하는 것이다.

　그러므로 누구든지 하나의 교훈을 이해함에 이르기까지는 그 교훈을 다시 또 다시 상기해야만 한다. 만약 그가 그 교훈에 대하여 이 모든 것을 보기를 바랄 것이면 그 교훈 안에 있어야 하고, 누구든 그 교훈에 대한 의미를 진정하고 발랄하게 이해하고 하나의 진리에 이르고자 하면 그것에 들어가야만 하는 것이다.

우리들은 얼마쯤 오래되고 친숙한 어떤 책을 다시 읽을 때 그것이 얼마나 새롭고 흥미진진한 사실들을 발견하는 일인가를 충분히 인지하고 있다.

7. 즉 다시 말하면 가장 많이 연구한 책에서 우리는 그것을 읽고 또다시 읽었을지 모를지라도 그냥 지나쳤다가 그 내용들 가운데서 새로운 진리들과 새로운 의미들을 발견하고는 놀라곤 하는 것이다. 예를 들자면 저 위대한 극작가 셰익스피어(Shakespeare)의 작품들 속에서 보다 신선함을 발견하곤 하는 사람들은 다른 사람이 아닌 바로 셰익스피어를 전공한 원숙한 전문가들인 것이다.

친숙한 눈에는 저 많은 위대한 걸작품의 예술이나 미술, 그리고 문학작품들 속에 담겨진 큰 능력과 아름다움을 보는 것이다. 그들 친숙한 눈을 가진 사람들은 참으로 무관심한 방관자들이 볼 수 없는 것을 발견하곤 하는 것이다.

그러므로 진정한 복습은 항상 학생들의 지식에 어떤 것을 더하여 주는 것이다. 누구든지 복습을 통해서 그렇게 되어 가는 것이다.

8. 특히 이것은 성경에 있어서 그러하다. 최근에 한 성경 연구가 가장 풍요롭고 가장 재미있는 것이다.

위대한 설교자가 오래 알고 친숙한 어느 구절 가운데서 보다 새로운 의미를 찾았을 때—의미는 바로 거기에서 분명해 진다. 그러나 우리는 우리들 자신이 읽은 그 구절 가운데서 직접 찾아내지 못한 의미들이었던 것이다. 다시 말하자면 우기는 우리가 읽은 것 가운데서 우리들 자신은 찾아내지 못했던 어떤 의미를 위대한 설교자들은 보다 새로운 의미를 찾아내게 될 때 우리는 놀라고 감탄하는 것이다. 때로는 이러한 의미들은 단 한마디 말속에 숨겨져 있으며,

그것을 밝혀냄에 있어서 아마 절실하게 필요한 것은 그것을 대단히 강조하는 것일 뿐이다.

간혹 그것들은 보도 가에 떨어져 있으며, 그리고 사출되는 약간의 측광에 의하여서도 나타나는 것이며 그것들을 본문에 잘 비교하여 보면 익히 나타나는 것이다. 종종 이러한 숨겨진 의미들은 각각 다른 정도의 강조를 주어 반복하게 될 때 빛 가운데 드러나게 하는 것이다.

9. 최소한 한가지 경우에 있어서 그 위대한 교사이신 예수님은 베드로에게 계속적으로 세 번씩이나 "네가 나를 사랑하느냐?"(Lovest thou me?)고 질문하였다.

그는 베드로에게 이렇게 물으심으로서 이 반복의 능력을 구사하신 것이다. 그 제자의 가슴은 그의 이 능력있는 이 반복적 질문으로 불탔으며, 기억과 양심이 새롭게 자극되면서 주님에게 그는 그가 질문받은 사랑이 진실됨을 증거하여 주시도록 호소하였다.

10. 그러나 한 복습의 반복은 결코 같은 시간에 만들어지지 않는다. 그것들은 여러 날 여러 주일에 걸쳐서 펴지는 것이다. 그러므로 새로운 요소가 작용하지 않으면 안되는 것이다. 그 시간의 경과는 복습의 요점을 변화시킬 수 있다. 모든 복습에 있어서 우리는 새로운 관점으로부터 그 학과를 관찰해야 하는 것이다.

떠오른 그 사실들은 이제 새로운 순서로 배열되며 새로운 관련성 속에서 보게 된다. 첫 번째의 연구에서 우리들에게 가리워져 있던 진리들이 이제는 빛 가운데로 들어 나오게 되기도 하는 것이다.

산에 오르는 등산객의 경우 그가 산에 오를 때마다 잇따른 조망이지만 그 각각을 그 눈으로 다시 볼 때 똑같은 풍경이긴 하나, 그러나 산을 찾을 때마다 그 위치는 항상 변하고 있는 것이다. 그 풍경의 그림은 여러 가지 다른 각도에서 보여지지만 자유로운 것이고, 보다 압축력이 있는 것이며, 보다 완전한 것으로 그것들은 앞서 있었던 것보다 포괄적이고도 보다 완전한 것이다.

11. 인간의 지성은 단 한번의 노력으로 승리를 달성하게 되어 있지 않은 것이다. 거기에는 어떠한 화려하고도 멋진 발견을 위하여 자주 앞으로 도약하려는 하나의 결과로서 심사숙고해야 하는 마음의 한 종류가 있다. 생리학자들(Physiologists)은 이것을 가리켜 무의식적 뇌작용(Unconscious Cerebration)이라고 부르는데 그 말의 의미는 우기들의 두뇌 그것 자체가 우리가 알지 못하고 있는 어떤 작용을 계속적으로 진행하여 가고 있음을 말하는 것이다.

그것은 끊임없이 성장하고 있는 지성은 끊임없이 새로운 위치에 도달하게 되며, 새로운 빛을 얻게 되는데 이에 의하여 하나의 새로운 진리를 볼 수 있게 된다는 보다 용이한 성명인 것이다.

어떤 신선한 경험이나 또는 새롭게 얻은 생각은 이미 배운 교훈에 열쇠의 역할을 한다. 그리고 처음 공부할 때 희미하여 익히 알지 못했던 것이 복습을 함으로써 밝히 알게 되고 분명해지는 것이다.

12. 옛말에 '한가지 책만을 파고든 사람은 조심하라'[2]고 하였다. 이 말은 그 사람이 한 책만을 자꾸 읽음으로서 적어도 그 주제에 있어서는 그를 하나의 정통가로 만들어 주었고, 그가 선택한 분야에 있어서 무서운 적수로 그를 만들어 주었다는 뜻이다.

---

2) Beware of the man of one book.

그 사람은 바로 되풀이하는 복습에 의하여 능력을 부여받은 것이고 또 그렇게 나타난 것이다.

13. 되풀이하는 반복은 확실한 기억과 그 기억을 재현하는 준비에 아주 귀중하게 쓰인다. 기억이라는 것은 틀림없이 생각의 결합이라고 할 수 있다. 다시 말하면 생각이 결합되는 것은 생생한 기억에 의하여 이루어지는 것이다.—마음 속에 있는 생각이 어떤 지나가 버린 과거의 결합에 의하여 연결되었던 그 생각과 함께 생각을 상기케 하는 것에 의존하여 기억되는 것이다.

각각 매번 하는 복습은 새로운 결합을 확립할 뿐만 아니라, 동시에 이것은 이전에 배운 것을 강하게 증가시켜 주고 그것을 매우 친숙하게 해준다. 단 한번 공부한 학과는 금방 잊어버리기 쉽다. 인간의 기억력은 반복되지 않는 한 파지율 보다 연약한 것이다. 그러므로 철저하게, 그리고 반복하여 복습한 것은 사고의 골자를 이루게 할 뿐만 아니라 지식의 축적이 이루어지는 것이다.

다시 한번 더 강조하지만 이처럼 되풀이하는 복습과 사고는 마치 직물을 짜듯이 대단히 좋은 사고의 직물을 짜는 것과 같은 것이며 그것은 우리들의 지식이란 장비의 한 부분이 되는 것이다.

학생이 한번 배워서 암송했던 것이 무엇이냐 하는 것이 결코 다가 아니다. 그가 영원히 기억하며 사용하는 것이 무엇이냐 하는 것이 그의 성취에 관한 정확한 척도가 되는 것이다.

14. 단지 아는 것만이 아니라, 그러나 오히려 활용할 수 있는 지식—그것을 충분히 가지고 있다는 것, 일상 생활에서 매일 지출되는 경비나 또는 일상적인 생활에서 사용되는 도구나 재료들과 같이 그 지식을 완전히 소유하는 것, 바로 그러한 것이 올바른 공부

의 겨냥하는 최종적인 목표인 것이다.

준비되고 이 활용할 수 있는 지식은 단 한번의 공부로서 얻어질 수 있는 것은 결코 아니다. 혼자서도 복습의 과정을 습관적으로 반복하고 이 복습과정을 보다 확고부동하게 붙들고 자유롭게 활용함으로서 얻어지는 것이다.

이렇게 할 때 학문도 손재주와 한가지로 익숙해지고 그렇게 숙련되는 것은 습관에 달려있다.

그런데 이 습관(Habits)은 어린이들의 되풀이(Repetition)에 의하여 되는 것이다.

15. 행동방식과 성격형성에 있어서 진리를 적용하는 능력은 다만 반복에 의하여 친숙하게 되어진 진리들에 의해서만 가지게 되는 것이다. 아이의 빠른 질주로서가 아니라 오고 그리고 또 가는 반복된 걸음이 우리에게 일상생활의 길들을 고르게 밟아서 다져주는 것과 같이 만일 우리가 우리를 유지하고 통제하는 어떤 위대한 진리를 가지고 있다면 우리는 그 진리로 돌아가야만 하는 것이다. 그것은 자주 양심의 명령으로써 마침내 마음에 떠오를 것이고 그것의 확고한 빛을 모든 행동과 그와 관련된 목적 위해 부어줄 것이기 때문이다.

16. 우리들에게 있어서 잘 알려진 격언과 속담의 영향력은 그것들이 자진하여 기억되고 상기되는 것으로부터, 그리고 반복에 의하여 모아진 힘으로부터 오는 것이다.

우리에게 가장 영향력 있는 성경본문들은 반복적으로 사용하는 데서 친숙하게 되어 온 것들이고 상황이 요구함에 따라서 마음에 떠오르는 것들이다.

17. 이 모든 점으로 미루어 볼 때 복습이란 가르치는 과정에서 시간이 부족하다면 생략해도 되는 것이거나, 가르침의 과정에 단순하게 덧붙여 놓은 장점의 하나가 결코 아니라는 것이다. 그것, 곧 복습이란 모든 참된 가르침에 있어서 필요 불가결한 요건 가운데 하나인 것이다.

　복습하지 않는 것은 반쯤된 일을 이루어 놓은 일을 포기하는 것과 흡사한 것이다. 복습의 법칙은 기억의 법칙에 의존한다. 복습이 항상 형식과 명백한 의도로 되어지는 것은 아니지만 배워왔던 내용의 재검토와 반복에 의한 복습이 교사의 지시에 의해서든지 혹은 학습자의 개인적인 충동에 의해서든지 반드시 행해지지 않으면 성공적인 교수는(Teaching) 결코 이루어지지 않는 것이다.

　성경을 읽거나 공부하는 규칙은 "선 위의 선, 그러면 교훈 위에 교훈"3) 다시 말하면 성경을 읽거나 공부할 때 선을 그으며 그 위에 또 선을 반복해서 그으며 그것을 되풀이하면 교훈 위에 또 교훈을 더하게 되는 것은 바로 이러한 진리의 인식인 것이다.

18. 복습의 과정은 부득이 변화되어야만 한다. 학습의 주제에 따라서나 또한 학생들의 수준이나 나이에 따라서 변화되어야 하는 것은 당연한 것이다. 특히 매우 어린 학생들에게 있어서의 복습은 반복 이상의 것은 거의 할 수 없는 것이다. 그러나 조금 큰 학생들에게 있어서 복습은 좀더 깊은 이해를 얻기 위한 주제의 사려깊은 재연구가 될 것이다.

19. 수학에 있어서의 복습의 원리는 새로운 문제들과 그 응용으

---

3) Line upon line and precept upon precept.

로 복습될 수 있을 것이다.
 과학에 있어서 학습의 원리는 연구에 의해서 혹은 새로운 표본의 분석이나 같은 원리로 지지되는 추가된 사실에 의해서 보다 확고하게 될 것이다. 역사의 부분에 있어서의 이 원리는 새로운 관점으로 요구되는 새로운 질문으로 재연구될 수 있거나 그것을 다른 사가의 새로운 견해와 비교하여 보는 것에 의해 복습될 수 있다.
 성경적 진리는 마음과 양심에 새로운 적에 의하여 혹은 인생의 사건과 책임의 판단에 의하여 복습될 수 있을 것이다.

20. 다른 어떤 책에서 보다 복습은 성경에서 더욱 필요한 것이고 가치있는 것이다.
 왜 그런가?
 성경에 많은 요구와 또한 많은 보답이 반복적으로 나타나 있을 뿐만 아니라 성경의 지식의 대부분은 우리에게 아주 친밀하게 되어 있기 때문이다.
 성경의 말과 교훈은 책임의 명령으로서 우리의 생각 속에 보다 명백하고도 분명히 남아있어야만 하는 것이다.

21. 어떤 연습은 복습된 자료를 상기하는 복습으로써 만족할 것이다.
 무엇보다도 복습의 가장 좋고 가장 실제적인 형태 가운데의 하나는 어떤 사실이나 습득된 진리를 상기하고 어떤 용도에 그것을 적용하는 것이다. 아무 것도 기억 속에다 그것을 고정시키지 못한다. 또 이해를 위해 그것을 파악하지는 못하는 것이다.
 그러므로 구구단은 그것의 연속적인 인수와 곱한 수의 정돈된 반복에 의해서 학습될 것이다. 그러나 그것의 빈번한 복습과 매일 셈을 사용하는 것은 우리에게 구구단의 호출없이 그것이 생각나도록 만드는 완벽한 습득을 주는 것이다. 인간의 마음의 가장 크고 가장 훌륭하고 그리고 가장 완벽한 습득에서—수많은 인공적인 글자와 모국어의 관용구들—오직 끊임없는 반복과 매일 사용하는 복습만이 그것들을 기억속에 끼워 넣을 수 있고, 마음의 성향속에 그것들을 운영할 수 있다.

그것들은 마치 사고과정의 자연스러운 부분처럼 관념으로 나타나면 또 생각 자체의 신속한 운동과 보조를 맞추며 상징화되는 것이다.

22. 직공들과 전문가들의 기술이나 전문적인 것의 원리와 과정들이 순간적으로 상기된 그들의 이러한 숙련된 솜씨는 결코 그냥 되어지는 것이 아닌 것이다.

이런 종류의 복습은 일반 문제들의 해결이나 어떤 과정의 행동이나 어떤 일렬된 행위의 수행을 위하여 배운 요소를 적용하도록 학생들에게 요구할 수 있는 모든 경우에서 가치가 있는 것이다.

교사의 기술은 복습된 자료를 적절히 사용할 수 있도록 이런 일에서는 질문의 상태에 놓아두는 것이다.

23. 복습에 있어서 손으로 해보는 것은 결코 지나쳐 버려서는 안되는 것이다. 손은 그 자체가 유능한 교사이고 약간의 복습에 의한 것을 그 손으로 직접 만들어 볼 때 더욱 효과적이다.

실험의 힘과 가치의 증명은 현재 모든 과학의 연구에 있어서 보다 매우 일반적인 것이다.

24. 학생들이 복습하는데 가치있는 도움이 되는 것은 여러 가지

가 있을 것이다. 사람들, 사물, 어떤 장소 등에 관한 목록을 가져오도록 요구하는 것도 그 가치있는 한 방법이 될 것이다. 그리고 사실이나 사건의 보고서, 지도나 식물 혹은 장소나 사물의 그림, 또 짧게 쓴 보고서나 대답에 대하여 학과에 관련된 것을 가져오도록 요구하는 것도 복습하도록 하는 가치있는 방법이 되는 것이다.

교사를 위한 실제적인 규칙들(Practical Rules for Teacher's)

25. 복습을 위한 실질적인 보다 많은 규칙들 가운데서 다음에 지적하는 것들은 가장 유용한 것들이다.

(1) 항상 순서에 따라서 복습을 하라.
(2) 복습을 위하여 시간을 배치하라. 각 단계의 시작에서 지난 번에 공부했던 과를 간단히 복습한다.
(3) 각 과의 끝에서 그 과에서 다루었던 기본적인 것들을 되돌려 훑어본다. 거의 모든 훌륭한 학과는 요약으로 끝맺고 있으며, 학과 단계의 마지막에 그 과를 요약하도록 요구되는 것은 학생이 알고 있는 것을 자기 것 화하도록 하는 것이다.
(4) 5,6과 혹은 한 주제의 끝에서는 맨 처음부터 복습하도록 한다. 가장 훌륭한 교사는 복습을 목적으로 각 단계의 1/3을 배포한다. 그러므로 그들은 천천히 서두르지만 그러나 확실히 진전한다.4)
(5) 이전의 학과에 대한 참고가 유익하게 될 수 있을 때마다 그 기회는 신선한 빛 속으로 오랜 지식이 흡수되도록 할 수 있는 것이다.

---

4) Thus they make haste slowly but progress surely.

(6) 모든 새로운 과들은 이전 과의 자료를 적용하고 복습하도록 만들어져야만 하는 것이다.
(7) 학과가 처음으로 학습된 후에 사용할 수 있도록 실제적이 되자마자 첫번 복습을 하라.
(8) 학생이 쉽고 빠르게 복습하도록 하기 위하여 교사는 즉각 사용할 준비를 갖추고 있어야만 한다. 이를 위하여 교사는 가르쳐 왔던 재료를 큰 단위나 덩어리로 마음에 새겨 두어야만 하는 것이다.

그럼으로써 학생은 언제라도 그 장의 복습을 쉽고 빠르게 시작할 수 있다. 교사는 학습시킨 것을 상기하고 기억할 가치가 있다고 생각한다는 것을 본 학생들은 그렇게 되기를 바랄 것이고 그의 질문에 답할 준비를 하려고 열망할 것이다.
(9) 오래된 학과에 새로운 질문, 오래된 교과(Texts)를 위한 새로운 실예(Illustrations), 오래된 실제의 일에 대한 새로운 응용, 오래된 보고서에 대한 새로운 증명은 학생들로 하여금 오랜 학습자료에 새로운 흥미를 가지고 뒤로 되돌아가게 할 것이고 그럼으로써 적절한 복습을 할 수 있는 것이다.
(10) 마지막 복습은 결코 생략될 수 없는 것이다. 그것은 보다 철저하고 포괄적이며 능란해야만 하고 중요한 문제에서 다른 주제를 분류해야 하며 그가 배워왔던 자료의 친밀한 숙달을 위하여 학생을 도와주어야만 한다.
(11) 가능한 한은 많은 적용을 하라. 모든 지각있는 적용은 유용하고 효과적인 복습을 포함한다.
(12) 복습에 있어서 수공(Handwork)의 가치를 잊지 말라.

(13) 이전 과의 자료에 수공의 가치를 잊지 말라. 자주 이렇게 하라. 그러면 학생들은 곧 물어볼 준비된 질문과, 다른 질문들에 대한 대답을 준비하여 그들의 수업에 오도록 배울 것이다.

위반과 실수들(Violations and Mistakes)

26. 이 교수의 법칙에서의 일반적이고 거의 계속된 위반사항들은 모든 사람들에게 잘 알려져 있는 것들이다.

그러나 비참할 만큼 손해가 큰 위반사항들은, 불충분함을 신중하게 고려해 온 사람들과, 우리의 힘들고 값비싼 교수의(Costly Teaching) 많은 성과를 절약해 온 사람들에게만 알려져 있을 뿐이다.

적절한 복습의 결여는 어떻게든지 실패의 단 하나의 원인은 아니다. 그러나 복습의 원리의 확대와 더 철저한 사용은 다른 원인들로부터 재난을 교정하는데 원용되기도 한다. 즉 그의 사용을 멀리하곤 하는 것이다. 우리는 깨진 물탱크에 물을 붓는다. 그러나 좋은 복습은 빠져나가는 물의 양을 단번에 증가시키지는 못할지 모르지만 그러나 그것들은 새는 물을 정지시킬지도 모른다.

(1) 규칙의 첫 위반은 복습의 전체적인 거부이다. 이것은 한마디로 형편없는 교사의 어리석은 행동이다.

(2) 두 번째 위반은 전체적으로 부적절한 복습이다. 이것은 학생 자신의 할 일을 작성하는 것보다 한 학기나 또는 그 기간의 내용을 통해서 효과를 얻으려 하는데 더 관심이 있는 서두르고 참을성 없는 교사의 잘못이다.

(3) 그 세 번째의 실수는 그 과정의 학습자료가 거의 잊혀진 학기의 끝까지 복습을 연기하는 것이다. 그때 하는 복습은 흥미도 가치도 거의 없어지므로 다시 배우는 것보다도

더욱 무가치하다.
(4) 네 번째 실수는 처음부터 사용했던 흔한 바로 그 질문과 대답을 그리고 생기없고 활력없는 질의 응답의 단순한 반복과정을 복습하는 것이다.
이것은 단지 명목상의 복습인 것이다.

27. 복습의 법칙은 그것의 강한 효과와 철학적 생각에서 이제까지 배워왔던 내용의 명백한 재고와 재생에 대한 신선한 비전이 있어야 함을 필요로 한다.
여기에는 예술가의 처음 스케치에 대한 마지막 손질처럼 처음 학습과 관련되어야 하는 것이다.

결 론(Conclusion)

28. 우리는 이제 일곱 개의 교수법칙에 대한 우리들의 토의를 끝냈다. 만일 우리가 우리의 목적을 달성했다면 독자들은 다음 사항들을 알았을 것이다.
첫째, 진정한 교사는 전달하고자 하는 지식을 갖추고 있다. 둘째, 주위 집중과 흥미를 느끼는 학생은 그의 학습을 추구하려는 열망을 자극했다. 셋째, 양자간의 의사소통(Communication)의 진정한 매개물—명백하고 단순한 언어—은 양자에 의하여 쉽게 이해되었다. 넷째, 지식이나 경험의 진정한 학습이 전달되었다. 다섯째, 앞에 말한 네 가지는 드라마에 있어서 장치와 연기자라 할 수 있고, 이것들은 교수과정 행위에서 보여져 왔던 것들이다. 교사는 학생의 자기 활동을 일깨우고 지도한다. 여섯째, 진정한 학습의 과정은 학생이 그들 자신의 생각을 재생산하는 것으로 그 내용은 단계적으로 학습된다.—처음엔 단순한 윤곽에서 마침내 완전한 것으로 그리고 개념을 마무리하는 것이다. 일곱째, 진정한 복습은 학습된 주제를 시험하고 교정하고 완성하고 연결하고 확립하고 적용하는 것이다.

이 모든 것에서 단지 마음의 위대한 자연법칙의 작용을 보여주어 왔다. 그리고 진리는 인간의 지성이 지식의 소유를 얻는 것에 의하여 복잡한 과정을 달성하고 지배한다는 것도 보여 주었다.

이런 법칙의 연구는 모든 독자들을 완벽한 교사로 만들지 못할지도 모른다. 그러나 그 법칙 자체는 사용에서 전적으로 준행할 때 그 엄청난 효과를 경험하게 될 것이다.

이것은 마치 화학법칙이 화학적 요소의 합성을 발행시키는 것과 같은 보다 확실한 효과요 혹은 생명의 법칙이 몸의 성장을 생산하는 것과 똑같은 효과를 생산할 것이다.

—감사합니다—

판 권
소 유

탁월한 교사론

1993년 5월 10일 1판 1쇄 인쇄
2007년 5월 10일 1판 6쇄 발행

지은이 ■ **John Milton Gregory**
　　　　(존 밀톤 그레고리)
옮긴이 ■ 이 종 남
발행인 ■ 김 수 관
발행처 ■ 도서출판 **영 문**

등록/ 제03-01016호(1997. 7. 24)
주소/ 서울시 은평구 역촌동 10-82
전화/ 357-8585 / FAX•382-4411
E-mail / kskym49@yahoo.co.kr

ISBN 978-89-8487-216-5

값 6,000원

• 본서의 임의 인용·복제를 금합니다.
• 파본·낙장은 교환해 드립니다.